Franco Copes

IL PIEDE DALLA A ALLA Z

La lettura del piede o podomanzia
Con un'appendice sulla lettura
degli occhi e del viso

Anima Edizioni

Direzione: Timoteo Falcone
Redazione: Sabrina Lescio
DTP: Jonathan Falcone

ANIMA s.r.l.
Gall. Unione, 1
20122 Milano
Tel. 02/72080619 - Fax 02/80581864
e-mail: info@animaedizioni.it
www.animaedizioni.it

Prima edizione: marzo 2008
Prima ristampa: giugno 2008
Seconda ristampa: dicembre 2008

Tipografia ITALGRAFICA
Via Verbano, 146
28100 Novara

Ringraziamenti

Questo libro è il risultato di un percorso di vita mirato a conoscere e a comprendere l'animo delle persone.

Le riflessioni qui espresse sono l'effetto delle combinazioni d'approfondite ricerche sulla letteratura specialistica, d'anni d'esperienza nell'esame degli uomini e delle donne che si sono rivolti a me, e della capacità sensitiva di cui sono stato dotato sin dalla nascita.

Lo scopo di queste pagine è quello di aiutare le persone a potenziare le energie buone che posseggono, così da orientarle verso un modo di vivere e di pensare armonioso e sereno.

Sono grato a Roberto e Nicola Allegri per avermi permesso di pubblicare le loro foto; a Loris, Cristina Savona, Sonia Pozzi, Vanda Alberto Ticozzi per l'aiuto nell'elaborazione materiale del testo, e a tutti coloro che mi hanno aiutato a realizzare questo progetto.

Prefazione

di Angelo Perna

Conosco Franco Copes da oltre dieci anni ormai. Subito il nostro primo incontro, per un'intervista dedicata alla sua già lunga frequentazione del mondo esoterico, fu contrassegnato da una speciale empatia che sarebbe poi sfociata nel giro di poco tempo in amicizia. E sin da quel momento Copes mi parlò del suo "grande progetto": scrivere un libro sulla podomanzia. Forma di preveggenza, mi disse, alla quale si stava dedicando con impegno da qualche lustro. Sin da quando l'aveva scoperta un po' per caso in una delle sue numerose perlustrazioni nella copiosa letteratura di quel settore delle arti umane nel quale si va oltre il razionale e si cerca di interpretare segnali apparentemente privi di significato. Fu così che tra le più celebrate astrologia, chiromanzia e cartomanzia, mantiche comunque ben conosciute dal nostro, scovò riferimenti all'antichissima lettura del piede e se ne invaghì. Quale fosse un traguardo da raggiungere quello di riuscire a catalogarla e "regolamentarla" in modo certo.

Ora questo traguardo è stato raggiunto da Franco Copes che da qualche anno, abbandonate le definizioni di astrologo-cartomante che lo avevano accompagnato da sempre, preferisce farsi identificare come sensitivo. E come tale ha operato anche nel mettere insieme le trentacinque pagine del suo codice sulla podomanzia. Un libro di facile lettura, grazie all'ordine con il quale le varie pieghe del tema sono affrontate, e di chiaro interesse, soprattutto nell'ambiente esoterico. Comunque, un manuale che può essere sfogliato, consultato, letto da chiunque voglia farsi un'idea dei simboli che naturalmente appaiono sulla pianta del piede.

C'è una caratteristica che, però, riesce per importanza a superare le qualità di immediata apparenza del lavoro svolto da Copes. E cioè la passione con la quale l'autore ha compiuto questo percorso di apprendimento e divulgazione. Un sentimento genuino. Mai venuto a mancare, nemmeno nei momenti di maggior difficoltà – e ce ne sono stati nel corso degli anni necessari ad arrivare alla definitiva stesura – o quando la possibilità di rendere concreta l'idea iniziale sembrava remota. Questa passione si percepisce leggendo il libro. Emerge discreta tra le righe.

Qualcuno potrebbe obiettare che un volumetto così non è poi molto per spiegare una forma di divinazione. Critica plausibile, allorché la quantità viene considerata elemento essenziale. Tuttavia questo è un inizio: una porta aperta su una prateria che era stata dimenticata per secoli. E tutto quanto serve per poter camminare su tale prateria c'è. Il resto, come insegna chi è riuscito a sollevare le palpebre del terzo occhio, dipende dall'anima di ciascuno.

INTRODUZIONE

Tutto il nostro corpo appoggia sui piedi. Se noi possiamo rimanere in posizione eretta, camminare, correre, ballare, muoverci, fare sport e anche difenderci dai pericoli, beh, lo dobbiamo in buona parte ai nostri piedi, che ci regalano stabilità. Certo, ogni piccolo centimetro di organismo è fondamentale per la vita. Ma, pur non pensandoci più di tanto, quelle due piante provviste di cinque dita ciascuna hanno un ruolo primario nel corso dell'esistenza di ogni persona. Inevitabile, allora, che all'occhio attento di chi guarda alle cose dello spirito umano – per sua passione e predisposizione o per indicazione esogena che dir si voglia – questo particolare non sfugga. Anzi, è quasi automatico che l'osservazione cada in basso, oltre che sugli arti superiori, alla ricerca di segnali capaci di indicarci il cammino vitale. Attraverso una forma di preveggenza e analisi antica che, entrando a pieno titolo nell'elenco delle mantiche principali (chiromanzia, astrologia, cartomanzia), prende il nome di podomanzia.

La pratica si diffuse ai tempi dei Caldei. Cioè, di un popolo, o meglio di un clan di tribù che nel quattordicesimo secolo avanti Cristo si stabilì in Mesopotamia nel territorio compreso tra Babilonia e il Golfo persico. Nel corso dei secoli, influenzarono i vicini e nemici babilonesi che nel sesto secolo a.C. arrivarono anche a governare. Da quel luogo e da quel momento, di guerra in guerra, di contaminazione etnica in contaminazione etnica, da impero a impero, la podomanzia si diffuse nel mondo conosciuto durante l'antichità. Sia ad Occidente sia ad Oriente. Infatti, al di là dell'origine mediorientale, sin dalla notte dei tempi in Cina era ampiamente utilizzata questa forma di vaticinio sorta da un istinto naturale volto a cercare di comprendere il destino. Ma se a Est la pratica continuò con naturalezza nel corso delle epoche, a ovest ci furono momenti di fulgore e altri di buio. Fino a che, dopo aver ceduto il passo alla più "ortodossa" e preferita chiromanzia, non passò sotto silenzio, o , per lo meno, non fu relegata a un ruolo marginale nell'universo divinatorio che attraversò con instancabile presenza sociale – quanto lo sviluppo del monoteismo – il Medioevo, il Rinascimento, l'Illuminismo pure, il Risorgimento, gli anni dell'industria nascente e il secolo scorso contrappuntato dalla gloria del progresso e dagli abissi della cattiveria. Con una peculiarità che nei tempi contemporanei, se non in alcune sacche di società specifica, non si ripete in ugual misura: a volte, nel percorso ultramillenario, la mantica di turno (podomanzia compresa nei suoi momenti di fulgore) si mischiava allo stesso credo votato all'unico Dio riconosciuto nelle tre religioni abramitiche.

È evidente, dunque, il richiamo culturale che può avere un'arte divinatoria di tal genere. Da un punto di vista sia storico sia sociologico sia pratico. Perciò valeva la pena riscoprirla, come è stato fatto dall'autore in decenni di studio e ricerca. Perciò valeva la pena scrivere un piccolo trattato che, con parole semplici e indicazioni chiare, tracciasse le regole della podomanzia. Nella convinzione che, come ogni parola afferente alla sfera dell'ignoto pronunciata dall'inizio dei giorni finora, leggere un piede può aiutare la vita di ciascuno quando l'approccio di chi chiede di sapere non è passivo e cieco. Ma calibrato, consapevole e intellettualmente onesto.

Perché ho deciso di scrivere un libro sulla podomanzia? Beh, questa è una domanda che mi sono fatto diverse volte e che mi è stata rivolta in numerose circostanze da chi mi circonda, da chi ha collaborato con me e da chi conosco. Una domanda che può avere una sola risposta: dare forma concreta a una predilezione. Una passione. Una preferenza. Che, per quanto mi riguarda, è la linearità e la purezza dei segni che appaiono sulla pianta del piede. Una mappa molto più completa di quella della mano.

Parere personale, ovviamente. Ma non potrebbe essere diversamente.

Mi sono accorto immediatamente di questa particolarità. Linee, monti, pianeti in numero generoso e di qualità indubbia per una lettura: un colpo di fulmine, insomma. Che, se vogliamo stare nell'alveo dell'ortodossia (in materia di preveggenza, va da sé), non dipende né dal cuore né dalla mente. Forse dallo spirito. O meglio: è stata la podomanzia a scegliermi piuttosto che io a scegliere lei. Un po' come accade quando nella cartomanzia si incontra il mazzo di carte giusto – Tarocchi o Sibille o Piacentine che siano – che ci accompagnerà per tutta la vita.

Ma se le mie esperienze sul vasto fronte della sensitività hanno radici solide nell'astrologia e nella cartomanzia, oltre che nella chiromanzia, in questo caso oltre al livello puramente pratico si affianca un aspetto didattico. Mi spiego: la mia intenzione era quella di scrivere un libro nel quale radunare tutte le "regole" che riguardano questo approccio nel vaticinio e dare loro una giustificazione storica, culturale e operativa. Perché? Per ridare dignità a un aspetto della vita umana dimenticato per troppo tempo.

Credo di essere riuscito ad assolvere questo scopo, seguendo in ogni momento l'imperativo di non lasciarmi andare in fronzoli autocelebrativi, offrendo un lavoro onesto e completo.

Franco Copes

Franco Copes, nasce da una famiglia molto semplice a Sondrio nel 1947. Vive a Cassano Magnago, alle porte di Milano, e gode di un notevole successo negli ambienti della finanza e dello spettacolo per la sobrietà dei suoi consigli e la cautela nelle previsioni. Le televisioni e le radio private lo invitano spesso in trasmissione per gli alti indici d'ascolto e gradimento suscitati.

Fin da bambino aveva mostrato di possedere delle doti particolari, attraverso le quali sorprendeva spesso i genitori predicendo dei fatti poco prima il loro verificarsi.

Tutta la sua infanzia e la sua adolescenza furono costellate di episodi di premonizione: il ragazzo con molta semplicità informava parenti ed amici dell'arrivo inaspettato di persone; prospettava l'esito degli esami ai compagni di scuola.

Dopo qualche anno avrebbe indovinato lo sviluppo delle storie d'amore e dei dispiaceri di cuore. Anni dopo sventò tre rapine quando, lavorando per una banca, avvisò per tempo il direttore degli imminenti tentativi di crimine.

I parenti e gli amici di casa si erano anche accorti di questa sua particolare capacità di influenzare in modo positivo gli avvenimenti in favore di chi gli chiedeva aiuto. Resosi conto di questa dote particolare, Copes iniziò ad interessarsi ai Tarocchi ed allo studio della psicologia e della parapsicologia.

In seguito, la sua attenzione si rivolse alla lettura della mano. Da questa alla riflessologia e alla podomanzia, un antica forma di predizione basata sull'esame delle piante dei piedi. Lo studio delle arti divinatorie più antiche ha aiutato ad affinare e completare la sensibilità già fuori dal comune di Franco Copes. Maestro nella tecnica di interpretazione dei Tarocchi, letti attraverso lo studio analitico dell'oroscopo e della mano della persona che lo consulta, raggiunge dei risultati straordinari nella previsione del futuro.

Copes ha la capacità d'infondere una calma ristoratrice durante le sedute perché, come egli dice, ogni essere umano può cambiare il proprio destino con buona volontà e positività. E fa suo l'antico proverbio "uomo avvisato, mezzo salvato". Negli ultimi tempi si è molto dedicato alla podomanzia, iniziata a studiare oltre dieci anni fa.

Fino ad oggi ha esaminato 1500 casi, ora si sente in grado di applicare questa tecnica con la stessa sicurezza che impiega per le altre.

La Podomanzia

Si hanno le prime notizie sulla pratica della lettura del piede a scopo divinatorio in tempi molto antichi. Veniva considerata un'arte molto "sofisticata" praticata solo da coloro che all'epoca venivano ritenuti saggi per la loro conoscenza nell'ambito delle scienze. Era nota presso i Caldei, dove nella città di Babilonia nel 2000 a.C. la lettura del piede veniva impiegata comunemente per stabilire il futuro di un neonato. La Podomanzia fiorì anche presso gli egizi, raffinati cultori di diverse arti premonitorie. Si racconta che Cleopatra ne facesse ampio uso. Si hanno anche notizie della pratica di quest'arte lungo le coste africane del Mediterraneo. Una maggiore traccia viene dall'Oriente, dove il Buddismo riconosceva importanti simbologie alla pianta del piede. In Cina infatti, nel 1880 i primi avventurosi turisti europei trovarono l'impiego di questo metodo mescolato alla cura e alla riflessologia del piede fra le strade di Shangai. Non molto conosciuta in Europa ha avuto rari seguaci che, credendo nella maggiore veridicità di questa scienza rispetto alla chiromanzia l'hanno coltivata fino ad oggi con molta tenacia. Il piede è fonte di vita e radice vitale di molte nostre facoltà. Chi si accinge a questa disciplina può inizialmente trovare molte difficoltà interpretative, per non menzionare quelle igieniche, alle quali si può sempre trovare rimedio, ma l'approfondimento dello studio della pianta del piede apre a scoperte affascinanti su noi stessi. Rispetto al metodo più noto di leggere passato, presente e futuro, attraverso la lettura della mano, la Podomanzia presenta maggiori garanzie di interpretazione dettagliata e precisa della Chiromanzia. Il piede rappresenta la vita e l'essere umano è l'animale che ha imparato, per primo, a camminare diritto sui suoi piedi. Ciò significa che l'intera storia dell'umanità è scritta sulle nostre estremità. Segni indelebili, tracciati sulla pianta del piede indicano stati fisici e organici che la mano non può rivelare. Se la chiromanzia si basa su tre linee principali e ben evidenti, la podomanzia pur riflettendo gli stessi tracciati, si avvale anche di altri elementi. Dopo aver individuato questi segni, l'esperto deve provvedere all'interpretazione di quelli minori. A differenza del palmo della mano sulla pianta si trovano linee infinitesimali di notevole importanza. Chi si accinge a questo tipo di mantica deve però avere già nozioni di astrologia chiromanzia ma soprattutto essere dotato di una spiccata capacità intuitiva e di grande sensibilità. Solo chi si applica con tenacia e costanza arriva a possedere l'abilità di interpretare impronte tanto diverse da quelle della mano e, per la posizione stessa dell'arto, di difficile lettura. Il piede è stato oggetto di studio e di cure in diverse culture che determinavano lo stato fisico del corpo attraverso il suo esame. Non bisogna però confondere riflessologia, agopuntura, podologia o altre tecniche di cura e diagnosi tramite la lettura del piede, con la podomanzia. Questa è un'arte curiosa e raffinata. La lettura viene applicata generalmente alla pianta del piede sinistro con una verifica a quello destro. Dal piede si possono captare diversi indizi che riguardano non soltanto la salute fisica del soggetto analizzato e le particolarità caratteriali, ma anche il destino futuro esattamente, se non con maggiore precisione, della lettura della mano.

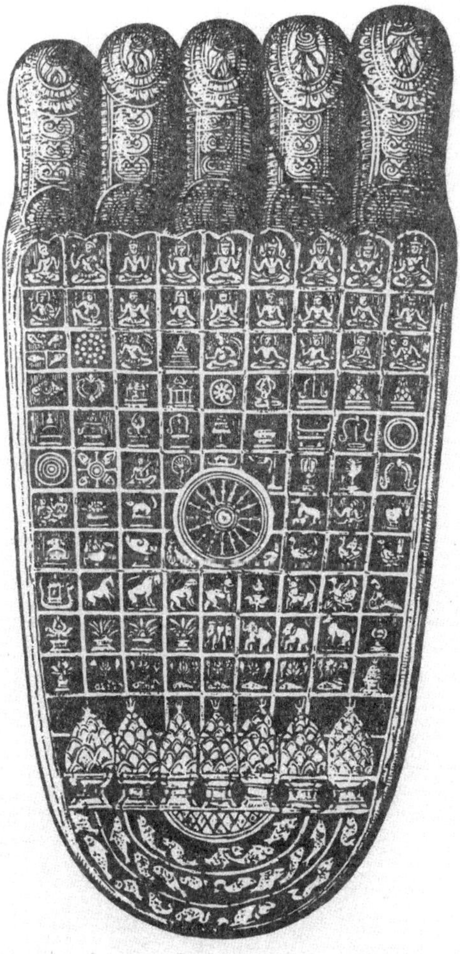

Nella concezione Indiana, il piede è il primo germe, esprime l'intero corpo e il suo divenire. Questo piede di Buddha mostra il divenire simbolico dell'uomo, dal tallone popolato di pesci fino alla divina essenza dell'uomo attraverso forme animali, passando per la ruota solare.

Il "colonizzatore" che, intorno al 1870, ha scattato questa foto nelle strade di Shangai, non poteva neanche immaginare che l'orgogliosa scienza del suo Paese avrebbe avuto molto da imparare da questo oscuro nuovo metodo della lettura del piede.

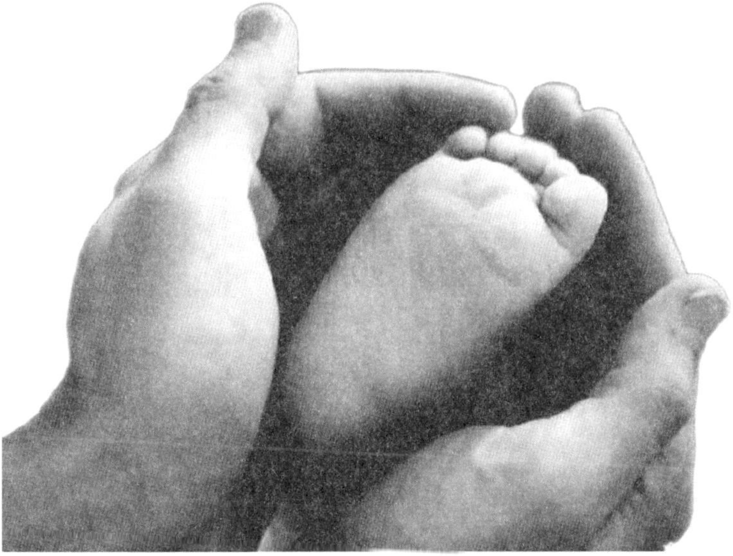

I Caldei usavano la podomanzia per predire
il futuro dei neonati

Alla radice della vita

Nella mitologia greca c'era il tallone d'Achille, l'unico punto di tutto il corpo in cui l'invulnerabilità dell'eroe era debole e messa allo scoperto. Nella concezione indiana il piede è considerato l'origine, il primo seme dell'individuo che, come tale, lo contiene nella sua intierezza, con il suo grado di sensibilità, il suo tipo di intelligenza, la sua capacità di adattamento, il suo divenire. Anche in Occidente è ormai accettato che i piedi, la loro forma, il modo in cui la persona li usa per sostenersi, per camminare e per stare in equilibrio, indicano la sua stabilità e quanto sia ben radicata. Spesso il modo in cui l'individuo è "piantato" fisicamente al suolo è identico al suo assetto e alla sua struttura emotiva.

I BAMBINI

Nell'antica Babilonia era costume portare i neonati dallo studioso dell'arte della podomanzia per conoscere il suo futuro e cosa sarebbe diventato. Queste predizioni venivano accettate ciecamente fino alle più tragiche conseguenze se il destino tracciato presentava lati troppo oscuri.

Oggi si può conoscere a grandi linee il destino dei piccoli piedi malgrado la tenerezza delle loro linee, ricordando sempre che le estremità cambieranno di forma e di tracciato con il passare del tempo. Durante i primi anni di vita il grasso del cuscinetto plantare è ripartito lungo il piede in maniera da uniformare tutti i rilievi, solo con il passare del tempo prenderà una forma sulla quale si costruirà la pianta definitiva.

Questo non si verifica prima dei quattro anni. La curiosità di molte madri spinge a voler conoscere il destino del figlio senza però voler sapere gli eventuali lati negativi della premonizione, anche se l'esperienza di chi legge non autorizza giudizi definitivi ben sapendo quante evoluzioni i piedini subiranno.

Nella lettura del piede del bambino si può riscontrare l'andamento della crescita e le possibili malattie oltre alle eventuali difficoltà che il bimbo potrebbe incontrare diventando grande.

La conoscenza di queste eventualità può aiutare la madre a prevenirle. I ragazzini dai sette ai quattordici anni sviluppano delle linee molto importanti per la vita futura, nei riguardi del comportamento scolastico e le tendenze verso una tipologia di carriera. Vengono anche evidenziati lo sviluppo psicologico e le debolezze caratteriali, che se prese in tempo possono essere corrette.

All'inizio del periodo puberale sia i ragazzi che le ragazze sviluppano nuovi segni importanti per l'interpretazione della maturazione sessuale e del futuro sviluppo. Anche in questo caso possono essere interpretati segnali negativi ad una maturazione armoniosa che previsti in tempo suggeriscono ai genitori il modo migliore per aiutarli evitando traumi.

Dai quindici ai venti anni il piede maschile o femminile raggiunge la forma definitiva. Se nell'uomo con il passar degli anni compariranno o svaniranno diversi segni, indice di progresso (captabili solo attraverso un'attenta lettura), nelle donne la stessa variante potrà svilupparsi mensilmente secondo il ciclo mestruale. In questo caso durante la lettura potrebbero emergere elementi positivi o negativi contingenti, ai quali porre rimedio sfruttando la previsione.

Questi elementi nati su impulso ormonale, influenzano il destino della donna solo per un periodo accidentale e non definitivo.

Piede femminile

Le caratteristiche del piede femminile sono diverse da quelle maschili, più che per forma o misura, spesso per una disuguaglianza prodotta da ragioni ormonali. Infatti alcune linee possono comparire o attenuarsi secondo l'andamento dei cicli mestruali o per il sopraggiungere di problemi ginecologici.

Con il raggiungimento della maturità e della menopausa, anche precoce, le linee del piede si stabilizzano formando un tracciato più evidente.

L'esame del piede di una donna minuta può rivelarsi più difficoltoso di quello applicato ad una donna che calza scarpe del numero 40/41. Nel primo caso le linee, ad eccezione delle principali, tendono a sfuggire alla lettura per la sottigliezza eccessiva dei tratti, mentre nel secondo si presentano nette e chiare alla consultazione.

Nelle ragazzine e nelle adolescenti, fra i dieci e i vent'anni, e per queste ultime prima di avere un rapporto amoroso completo, il tracciato subisce continue variazioni, in attesa di impostarsi in un modo quasi definitivo con l'arrivo del ciclo mestruale. Con il primo rapporto di coppia, il sistema ormonale di una ragazza matura e sulla pianta del piede il processo evolutivo si evidenzia con delle linee più leggibili e distinguibili.

Con il passar degli anni anche il piede femminile più aggraziato subisce i mutamenti dell'età che però sono comunque utili per un'interpretazione aggiornata dello stato fisico, psicologico del soggetto e degli avvenimenti che possono arricchire la sua vita e quella dei suoi cari.

PIEDE MASCHILE

L'uomo, a meno che non presenti caratteristiche fisiche particolari, nanismo o altro, ha un piede mediamente grande e facilmente leggibile, quindi più chiaro all'interpretazione. Anche per il ragazzo adolescente il tracciato del piede muta in maniera evidente quando sviluppa tutta la sua virilità in un rapporto completo con una donna.

Però, le linee del piede si stabilizzano con il compimento della crescita e il completamento di tutte le funzioni sessuali.

Invecchiando il piede dell'uomo, meno curato di quello femminile, subisce, invece, maggiori mutamenti estetici e di conseguenza il suo tracciato diventa profondo e definitivo, permettendo una lettura sicura e durevole nell'arco del tempo.

A pari età il piede dell'uomo, a differenza di quello della donna, è più solido e non rivela gli stessi mutamenti periodici, quindi la consultazione si rende meno necessaria e frequente. Comunque nel corso della vita sia donne sia uomini possono incorrere in incidenti o alterazioni per malattie.

In questo caso la lettura sarà più rivelatrice del passato del soggetto, ma meno possibilista sul futuro, poiché le eventuali malformazioni e il tracciato anomalo impediscono una chiara visione degli eventi futuri, senza però escluderli.

Malformazioni del piede

A volte si possono riscontrare delle malformazioni non necessariamente di nascita, ma spesso causate da incidenti o malattie. Anche queste sono interpretabili anzi possono dare indicazione di cambiamenti sul destino originario.

Piede cavo: persona viziata, piena di complessi poco disponibile nella vita sociale e in quella sentimentale. Vive la sua esistenza in modo assolutamente neutrale, non chiedendo mai niente a nessuno. Nel campo della professione è un accentratore con poca considerazione per colleghi o collaboratori. Nessuno deve intralciare il suo cammino. In amore è incapace di scelte equilibrate, quindi si trova sempre a ricercare la persona giusta. In alcuni casi quando incontra la donna/l'uomo che sposerà si trova a fronteggiare molti problemi a causa del suo carattere troppo complesso. Questa malformazione era frequente fra i rampolli delle antiche casate nobiliari.

Piede venoso: persona con molti problemi di salute ma ciò nonostante molto determinata a superare questa problematica. Ha la tendenza a rivolgersi a persone sbagliate. Quando però incontra personaggi giusti e competenti quasi sempre risolve ogni difficoltà. Dentro il suo animo, però, albergherà sempre la paura e l'insicurezza tanto è vero che in amore non sa dire "Ti voglio bene". Difende con aggressività la sua vita privata. Può indifferentemente sposarsi molto giovane o in età matura. Il suo legame, nonostante la sua incapacità a pronunciare quelle parole che tutti vogliono sentire almeno una volta, resiste serenamente.

Piede calloso: in molti soggetti si può trovare questa tipologia di piede. Indice di una personalità confusa e incline allo sperpero, insicura della propria immagine. Tende a trascurare la sua figura nell'ambito sociale ma cerca di trovare quello che più gli si addice. Preferisce un'attività in proprio dove però si troverà sempre a dover affrontare problemi finanziari in quanto incapace a risparmiare. In amore vuole una compagna/compagno molto più giovane in quanto più facile da soggiogare. Solo in età matura troverà persone con cui avere un legame sereno e senza complessi.

ALLUCE VALGO: chi è affetto da questo tipo di malformazione è un soggetto armonioso, pieno di vita, dotato di una spiccata personalità. Ha la tendenza ad aiutare le persone bisognose, e spesso quando si trova ad avere bisogno degli altri viene ricambiato.

In campo sentimentale questa sua generosità è spesso eccessiva. Tende a rimanere solo a lungo, in età avanzata riuscirà però a formarsi una famiglia. Da quel momento la sua esistenza si svolgerà serena e tranquilla. Guai però a pestargli i piedi, perché in tal caso, ci si troverebbe di fronte ad un personaggio sorprendentemente diverso.

Il colore della pelle

Il colore della pelle indica lo stato di salute: la condizione degli organi interni. Le medicine orientali basano le loro diagnosi sulle sfumature della pelle per individuare eventuali eccessi o carenze nel sistema del corpo. Il colore rosa è considerato ottimale. Indice di un perfetto equilibrio fisico e psicologico, libero da patologie e disturbi interiori.

Pelle rosata: equilibrio, ottimismo, salute, tranquillità interiore, disponibilità verso gli altri.

Pelle rosata tendente ad arrossarsi: impulsività, coraggio e forza fisica.

Pelle fortemente arrossata: brutalità e arroganza. Diffidenza.
Pelle rugosa e secca: indice di grande esperienza, saggezza, non sempre equilibrata. Il raggiungimento di questa condizione in età avanzata segnala una posizione soddisfacente ottenuta nella vita, equilibrio e pacatezza.

Le dita

Dita corte: testardaggine, costanza nella via intrapresa, risolutezza nelle questioni economiche, predisposizione al successo in settori specifici alle sue esperienze. Non particolarmente fantasiosi o aperti a cose nuove o diverse, diffidenza nei rapporti amorosi.

Dita lunghe: personalità spiccata, determinazione fino allo stremo, una volta intrapresa una carriera difficilmente cambia strada, autoritarietà e pignoleria estremizzate su qualsiasi argomento. Raggiunto con determinazione l'apice della carriera, sarà difficile possa perdere la posizione raggiunta. In campo sentimentale sono senza mezze misure: quello che danno, vogliono ricevere.

Dita a martello: tendenza alla grossolanità, presunzione, rifiuto ad ascoltare i consigli, prepotenza, ritiene di aver sempre ragione e per questo detta legge agli altri, determinato negli affari ma spesso volubile. In campo sentimentale poco affidabile... Ama circondarsi da elementi superficiali e appariscenti a discapito dei reali sentimenti.

Dita grosse: disponibilità, generosità, altruismo, capacità di far buon uso dei pareri altrui, pronto ad aiutare finanziariamente chi glielo chiede, senza paura di rimanere inatteso. Romantico, fedele solo con la persona giusta. Con il matrimonio organizza la vita in modo lineare e sereno.

Dita affusolate: predisposizione alla vita all'aria aperta. Dotati di senso dell'ironia, prendono la vita alla giornata. Non tutto calza a pennello, ma quando si trovano davanti a fatti ed impegni da assolvere, cercano sempre di trarne ottimi vantaggi. In campo sentimentale sentono il bisogno di allargare le loro conoscenze il più lontano possibile. A volte sposano persone straniere.

Dita accavallate: questa tipologia di dita non è comune. Quando ci si trova davanti ad una persona con questa caratteristica significa avere di fronte un personaggio che dalla vita potrebbe ottenere tutto quello che si è prefissato ottenendo successo sia nel lavoro sia in campo sentimentale. Può avere relazioni con donne/uomini generalmente molto belli e prestigiosi. Rischia di essere invidiato da molti. Spende largamente il suo denaro e in caso di difficoltà troverà la soluzione. Le sue risorse sono infinite.

I CALLI

I calli dei piedi rappresentano non solo un indice di dolore fisico ma, al fine della lettura sono sinonimo di insofferenza, perplessità e poca voglia di fare della propria vita qualcosa di costruttivo.

Non che questo sia presente in tutti i soggetti che soffrono di questo problema, in certi casi la vita di questi soggetti è completamente diversa, piena di prestigio e di vittorie. In campo sentimentale sono in genere persone piene di disponibilità, amano circondarsi di partners completamente opposti a se stessi, in genere hanno animi romantici, ottimi genitori malgrado, a volte, non riescano a far valere la loro volontà.

C'è molta diversità tra i calli che crescono nelle varie parti del piede. A questi si possono dare varie interpretazioni, quello descritto sopra è il più comune e si instaura tra l'alluce e il secondo dito del piede sia destro sia sinistro. Le varie interpretazioni che vi vado a descrivere saranno illustrate con disegni che meglio potranno aiutare per l' interpretazione.

SE IL CALLO È POSIZIONATO TRA IL TERZO E IL QUARTO DITO: è indice di una persona poco credibile, ma ben inserita in una vita di coppia. La persona non ha credibilità a causa del suo atteggiamento poco serio quando si trova ad affrontare delle difficoltà nel quotidiano e nel tempo.

SE IL CALLO È ALL'ESTREMITÀ DESTRA DEL PIEDE SINISTRO: in genere si tratta di una persona che appartiene ad un mondo tutto particolare. È un soggetto che affronta in modo molto personale le scienze occulte. È perfezionista e metodico soprattutto in campo lavorativo, dove si impone. Tutto gli è dovuto e nessuno lo deve superare. In amore la donna/uomo che sposerà dovrà essere alla sua altezza, non accetta di essere contraddetto, ma l'unione risulterà una delle più solide, sarà difficile che avvengano separazioni.

Le piante dei piedi

Si possono "leggere" come un libro. Sulla prima pianta sono segnati i monti dei pianeti, sulla seconda le linee (della vita, della testa, del cuore e così via) in gran parte corrispondenti a quelle che si individuano sulla mano.

I monti

Le "montagnette" che si notano in ogni piede sono legate per antica convenzione ai più importanti pianeti dello Zodiaco. Indichiamo, qui sotto, i doni spirituali che questi monti zodiacali simboleggiano. Più alti sono i monti del piede, più abbondanti sono i doni e più forti sono i sentimenti che la persona ha nel cuore.

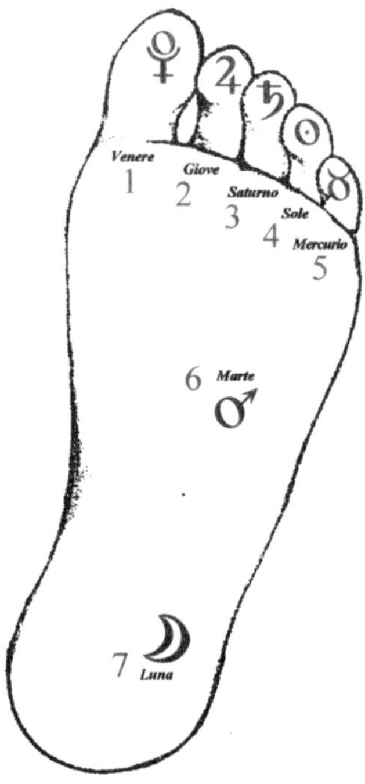

1 – VENERE è il pianeta della bellezza e dell'amore e corrisponde al rilievo dell'alluce. Indica emotività e passionalità, e dà un'idea abbastanza precisa del fascino e del magnetismo del carattere.

RESPONSO: Pianeta sempre benevolo, indica il modo in cui l'essere umano esprime il sentimento. È simbolo di tutto ciò che rende piacevole la vita: dolcezza, sensibilità, gentilezza e affidabilità, amore che origina la vita, amore per la bellezza e per le arti. Il monte di Venere si trova sotto l'alluce. Secondo la forma può assumere significati diversi. Quando la parte sottostante l'alluce ha una forma pronunciata e sciancrata,verso l'attaccatura del piede, indica una tendenza a sottostare al richiamo dei sensi, una personalità propensa alla pigrizia ed allo stesso tempo, narcisista, incostante nei rapporti, spesso con una grande predisposizione per le arti. Un alluce piatto con la superficie d'appoggio indurita suggerisce una mancanza di sensibilità per le arti, una concentrazione continua su se stesso e sul successo del proprio lavoro al punto di rischiare i rapporti con il partner per distrazione. Quando la superficie d'appoggio diventa callosa all'esterno, rivela una personalità solida a volte senza fantasia, ma leale, costruttiva. In campo sentimentale è fedele ma molto legata alla realtà quotidiana.

2 – GIOVE è il pianeta della realizzazione di sé e del comando. Il monte di Giove significa onestà e sincerità, ma anche ambizione e capacità di emergere mettendo a frutto la fortuna.

RESPONSO: Questo pianeta simbolizza la simpatia, la fratellanza e la bontà. Permette di capire se l'uomo/donna ama viaggiare, se possiede equilibrio, caratteristiche di ottimismo o pessimismo. Generosità e desiderio di verità derivano dalla sua influenza. Il monte di Giove si trova sotto il secondo dito. Un polpastrello pronunciato suggerisce una personalità emergente con un forte desiderio di dominare e di brillare, disposta a tutto per raggiungere lo scopo prefisso. Molto orgogliosa, difficilmente accetta i propri sbagli. Allo stesso tempo è fragile e pur non ammettendolo, tende alla superstizione. Quando il polpastrello è piatto con la pelle indurita, il soggetto tende alla pigrizia e a lasciarsi andare.

Piuttosto egoista, a volte inconsciamente, prevarica i sentimenti degli altri. Un indurimento centrale del polpastrello, non ancora callosità, è indice di profondo amore per la natura, di misticismo. Questi soggetti riescono ad avere delle storie d'amore lunghe e serene anche se non travolte da folli impulsi sessuali.

3 – SATURNO è il pianeta più severo, simbolo di razionalità e rigore; forgia il carattere dell'individuo sottoponendolo anche a prove faticose. Il monte che porta il suo nome sotto il dito medio, è segno di forte volontà e indipendenza.

RESPONSO: Questo pianeta ha una influenza restrittiva, frenante nella vita degli esseri umani. Indica anche la capacità di sopportazione al dolore. In aspetto positivo suggerisce profondità di pensiero, facoltà di apprendere le lezioni della vita. In aspetto negativo è sinonimo di durezza, egoismo e diffidenza. Il monte di Saturno è situato sotto il terzo dito. Il soggetto tende alla solitudine, è triste e taciturno. In altri casi è indice di una personalità ascetica fino all'esagerazione o ad un eccessivo puritanesimo. Un monte piatto può indicare una vita insignificante se non anche turbata da problemi pratici, ma una vita amorosa tranquilla. Il monte che si appoggia su una callosità centrale suggerisce una personalità prudente e saggia con molte possibilità di successo nel lavoro e nel rapporto con il prossimo.

4 – SOLE è il pianeta positivo per eccellenza, la sua luce dà la vita e consente le decisioni più importanti. Il monte del Sole indica fortuna, amore per l'arte, elevazione del pensiero.

Responso: La sua presenza permette di capire il destino al momento della nascita e con la sua posizione il carattere dell'individuo. Il sole è uno dei pianeti più importanti. Il monte del Sole è situato sotto il quarto dito. La forma pronunciata caratterizza una personalità prodiga con una sfrenata tendenza al lusso, al successo ad ogni costo. Il mancato raggiungimento del desiderio può sviluppare una tendenza all'invidia, al sarcasmo. Se il monte non è pronunciato, la personalità del soggetto potrebbe tendere al materialismo, rifiutando qualsiasi scelta artistica o estetica e preferendo una vita senza fantasie. Il monte con una callosità centrale è sintomo di amore per le arti e di qualità artistiche. Il soggetto in questione è intelligente, positivo, tollerante, ama le cose belle ed è pieno di speranza per il futuro. Queste qualità possono facilitare una carriera di grande successo nel lavoro e nell'amore, magari non domestico.

5 – MERCURIO posto sotto il mignolo, questo monte è segno di intelligenza, perspicacia, fecondità, potere di persuasione e doti diplomatiche, spiccata attitudine al commercio.

Responso: La presenza di questo pianeta differenzia gli individui: quelli avidi di conoscenza e quelli ignoranti. Mercurio è il ponte tra spirito e materia. Influenza lo stato di salute delle spalle, delle braccia e i riflessi nervosi. Il monte di Mercurio si trova sotto il mignolo. Se questo è grasso e allargato indica una tendenza alla furbizia fino alla bugia, al dispetto e alla prevaricazione. Il soggetto può essere poco predisposto ad avere un legame e fallire le sue storie d'amore. Il monte piatto denota poca attitudine per gli studi scientifici e per il commercio. Il soggetto può dimostrarsi ottuso ai sentimenti e alla delicatezza e per queste particolarità incapace di instaurare dei rapporti amorosi normali. Quando il monte presenta una callosità all'interno o sul lato, è sintomo d'intelligenza superiore, di fortuna, di prontezza nel lavoro e nei rapporti personali e una predisposizione alle scienze occulte. In amore può essere protagonista di straordinarie e travolgenti storie.

6 – MARTE all'estremità opposta rispetto all'alluce, questo monte rivela grande energia, combattività, costanza, resistenza.

RESPONSO: Questo pianeta ha il compito di risvegliare la vitalità. Simbolizza orgoglio, tenacia, volontà di sopravvivenza. Il suo influsso può indurre il soggetto a subire o reagire in situazione di difficoltà o minacce. Il monte di Marte si trova generalmente nella parte centrale della pianta del piede. La pianta convessa riflette un forte atteggiamento alla sfida che può risultare positivo e in certi casi negativo. Si dimostra fatale quando il soggetto si lascia prendere dalla rabbia. Anche nelle situazioni sentimentali la caratteristica del soggetto può risultare negativa se poco controllata. Il monte piatto caratterizza una personalità puerile e timida a volte mancante di coraggio nell'affrontare la vita. In amore tende alla sottomissione. Questo atteggiamento immaturo potrebbe far subire prevaricazioni e separazioni frequenti. Una callosità pronunciata lungo il monte di Marte rappresenta una personalità coraggiosa, audace, capace di affrontare le avversità con calma e determinazione. Partner ideale in amore, ma spesso infedele.

7 – LUNA è il pianeta dei sogni e dell'immaginazione. Il monte corrispondente, posto sotto a quello di Marte, indica fantasia e felicità.

RESPONSO: Esprime la forza magnetica nel senso più vasto del termine. È simbolo di intuizione, sensitività. Rappresenta l'inconscio. È sinonimo di altruismo. Il monte della Luna è situato sul calcagno. Un monte pronunciato caratterizza una personalità capricciosa, facile allo sconforto e dispersiva. Soggetta a malumori e a tristezze improvvise può tendere alla superstizione o, in casi estremi, al fanatismo per ideali inesistenti. In amore spesso si lascia condizionare dai sentimenti e rischia una delusione. Un tallone piatto caratterizza una personalità piena d'immaginazione, dolcemente malinconica, poetica e sentimentale. Il soggetto, in questo caso, aspira ad un mondo diverso e si rifugia nei sogni e nell'amore per la musica. Nel lavoro e nell'amore può avere molto successo se riesce a trovare la giusta dimensione e chi apprezza le sue qualità. Un doppio monte della Luna indica una personalità controversa: una mancanza di fantasia che può a volte giungere al materialismo, utile per far carriera e per costruire rapporti amorosi solidi anche se, a volte, monotoni.

Le linee

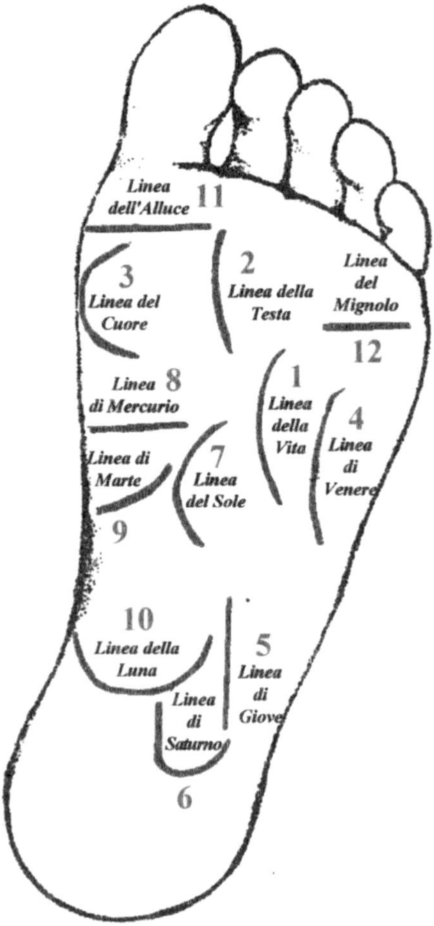

Per l'interpretazione corretta dei segni bisogna partire dall'arto sinistro e controllare poi sul piede destro

1 – LINEA della VITA tra terzo e quarto dito, sancisce l'armonia tra corpo e anima. Maggiore è la regolarità del tratto, più forte è l'equilibrio tra stato psichico e stato fisico.

2 – LINEA della TESTA al centro del piede: più è lunga, più potente è la capacità intellettuale che consente di risolvere anche i problemi più complessi.

3 – LINEA del CUORE se è solitaria il calore non è di casa; se ha ramificazioni la passione è tanta; se ci sono delle linee che l'attraversano si prevedono amori in agguato e si può essere certi che ci saranno diversi colpi di testa.

4 – LINEA di VENERE è collegata ai successi sociali. Saranno buoni se il segno è verticale. Se attraversa la linea della Testa, possibili divorzi e nuove unioni.

5 – LINEA di GIOVE alla base del piede, rivela l'attitudine al comando: se è pronunciata, la stoffa del leader è molta e resistente. Preannuncia più lavori e molti viaggi.

6 – LINEA di SATURNO parallela alla precedente: misura la capacità di farsi largo nella vita. Più è lunga, più certi sono i risultati in ogni settore, soprattutto politica e borsa. Ma attenzione: il successo arriva anche se la linea non è marcata in modo deciso.

7 – LINEA del SOLE è legata a filo doppio al trionfo in ogni settore. Annuncia buona riuscita nel campo della ricerca scientifica e della medicina.

8 – LINEA di MERCURIO all'ombra di quella del Cuore: mette in luce le capacità commerciali. Se è un po' curva, dovete evitare con la massima cura gli investimenti azzardati.

9 – LINEA di MARTE verticale, sotto l'alluce: misura la forza della personalità e l'atteggiamento mentale con cui si affrontano le difficoltà.

10 – LINEA della VITA all'altezza del tallone: rivela sogni, voglia d'avventure e il desiderio di scoprire il mondo affrontando senza esitazione viaggi anche disagiati.

11 – LINEA dell'ALLUCE simile a un anello, spesso non molto marcata, soprattutto in chi cammina molto: indica il predominio del cuore sulla ragione.

12 – LINEA del MIGNOLO quando è curva, indica che chi la possiede ha buon fiuto per gli affari.

Nella forma del piede trovi il tuo carattere

Il piede, come la mano, racconta attraverso linee e segni, che mutano nel tempo, la storia della nostra vita e il destino che non è mai immutabile. Informazioni sulle quali possiamo agire liberamente per modificare e migliorare il senso della nostra vita. Come per la mano anche il piede è unico, diverso da individuo ad individuo. Esistono tuttavia delle caratteristiche comuni che indicano la tipologia caratteriale o le tendenze della persona.

Il piede va letto nella sua globalità, tenendo conto della forma e della positura della pianta e delle dita, della temperatura, delle proporzioni senza limitarsi all'esclusivo esame delle linee o dei pianeti rappresentati dall'aspetto delle falangi delle dita...

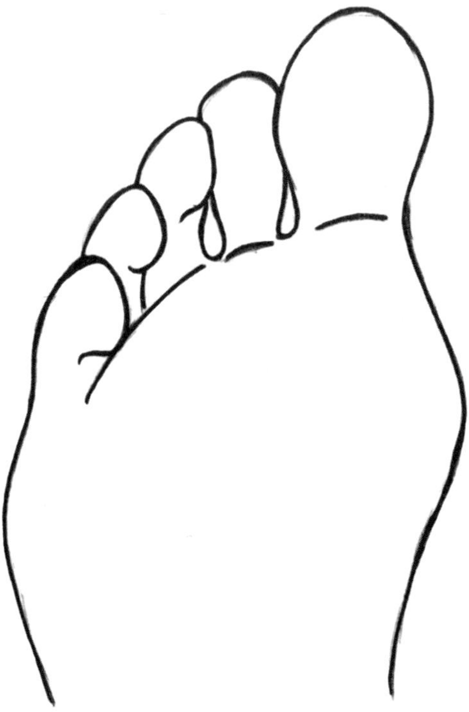

Alluce molliccio

Quando l'alluce destro appare molliccio, rispetto a quello sinistro, significa che la vostra personalità sarà dotata di una capacità intellettiva al di fuori del normale. Amate fino all'ultimo la persona che condividerà la vostra vita futura. Questo per quanto riguarda l'uomo; mentre per la donna, la voglia di trasgressione è sempre in agguato. In età avanzata però rimarrà fedele alla persona del cuore.

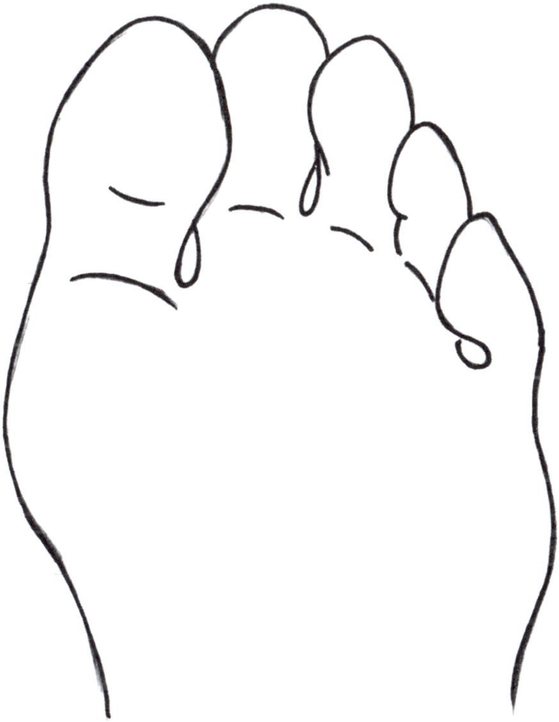

Alluce insaccato

Sia le donne sia gli uomini che hanno l'alluce insaccato possono diventare dei veri esperti nella tecnologia e in quelle materie che richiedono molta applicazione. Quando raggiungono il traguardo stabilito possono cercare di iniziare a progettare qualcosa che diventi per loro una fonte di guadagno notevole.

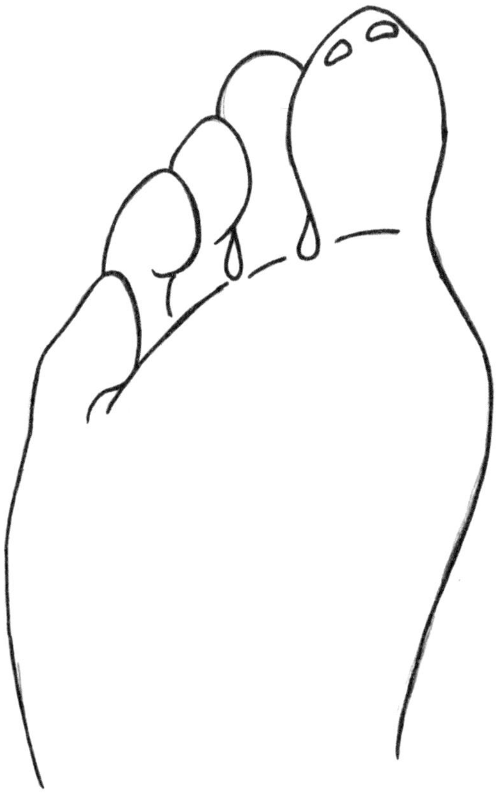

Fossette dell'alluce

La fossetta all'alluce indica persone che non sopportano di restare in famiglia, quando raggiungono la maggiore età possono decidere di andarsene a vivere da soli o addirittura all'estero. In altri denota la voglia di possedere una casa propria, potendo tuttavia contare sul sostegno dei genitori.

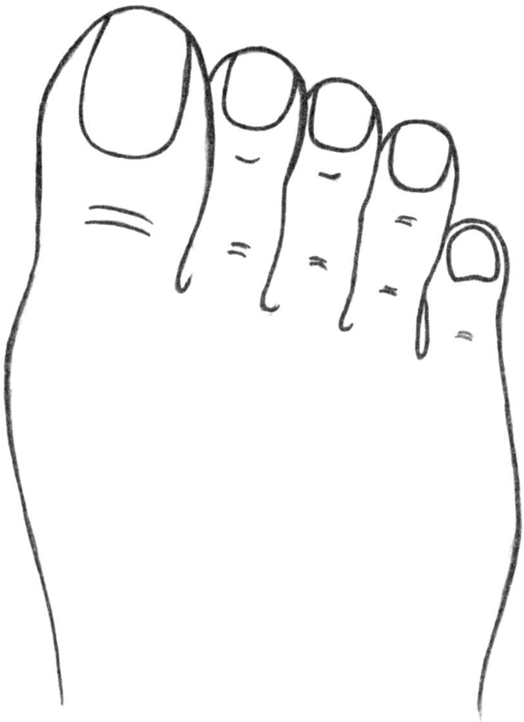

Alluce normale

Rappresenta il mondo che li circonda, hanno uno spirito a volte ribelle, a volte sottomesso, ma alla fine faranno tutto quello che vorranno nella vita. Non sono sempre sinceri in un rapporto amoroso, mentre in ambito professionale possono arrivare a mete molto elevate.

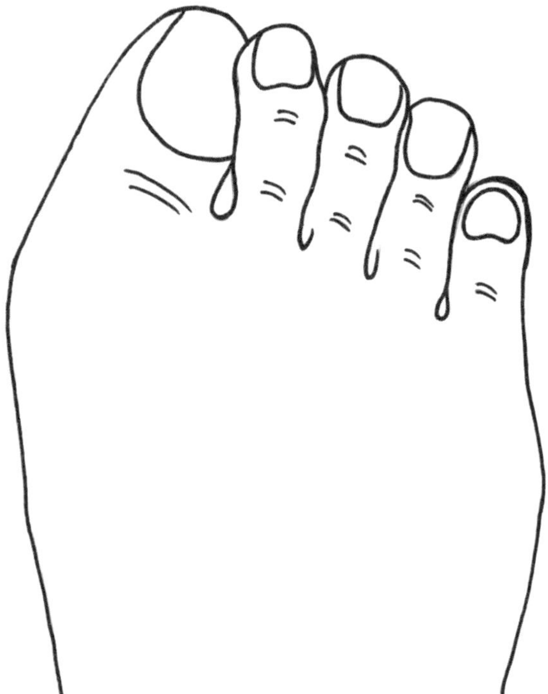

Alluce inclinato

Indica una natura pacifica e un temperamento equilibrato. Più l'alluce è inclinato, più perfetto è l'individuo. In altre circostanze denota un certo cinismo della persona, questo potrebbe essere prima del raggiungimento di una certa stabilità sia professionale sia economica.

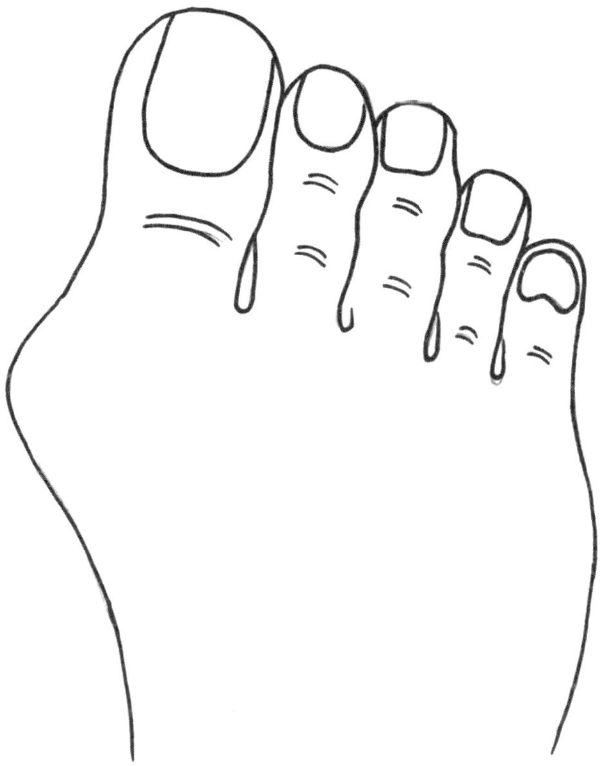

Alluce normale con sporgenza

Rivela un carattere forte e un temperamento vulcanico, che però si spegne velocemente. Nella vita affettiva non vuole mai essere interiore a nessuno. Nella professione può diventare una persona importante, mentre in altri casi potrebbe arrivare alla laurea, ma poi fare altro. Ama viaggiare e i risparmi li spende in viaggi, anche più volte l'anno.

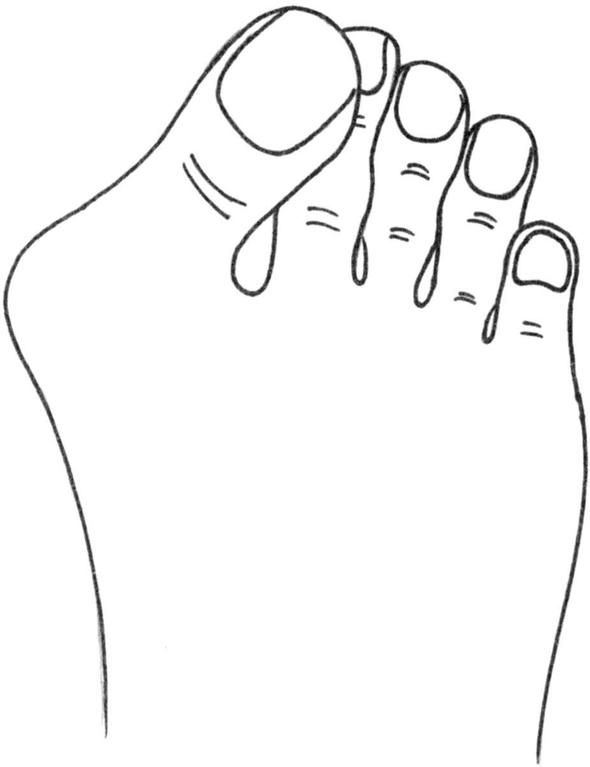

Alluce inclinato con sporgenza

Questo tipo d'alluce indica che il loro possessore è sempre sotto stress, nervoso. Porta l'individuo a fare del proprio percorso di vita una gran confusione, ma in ogni caso senza dar fastidio agli altri. In amore sa essere un partner ideale, a volte con qualche scatto, ma subito rimesso nelle righe di una vita quotidiana. Ama fare molto volontariato e spesso può diventare presidente di qualche associazione.

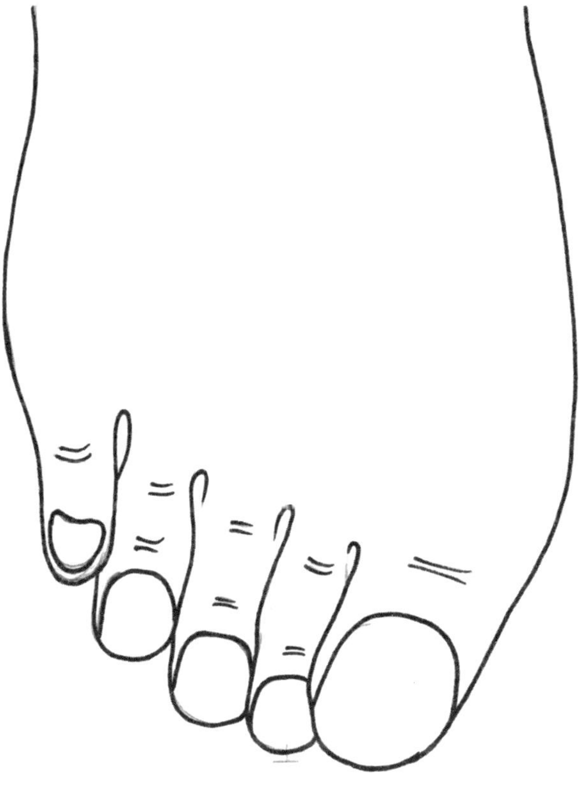

Alluce sovrapposto al secondo dito

Chi possiede questa caratteristica ha una natura gentile e cortese, spesso sono individui creativi e sognatori. Possono però mancare di robustezza fisica e psicologica. Amano l'aria aperta e nella vita potrebbero vivere in campagna lontano dal caos cittadino o, chi non se lo può permettere, cerca di trascorrere lunghi periodi in alta montagna. Nella vita sentimentale possono arrivare al matrimonio in età avanzata. In altri casi decidono per una lunga convivenza. Le professioni preferite: agricoltori, scrittori o pittori.

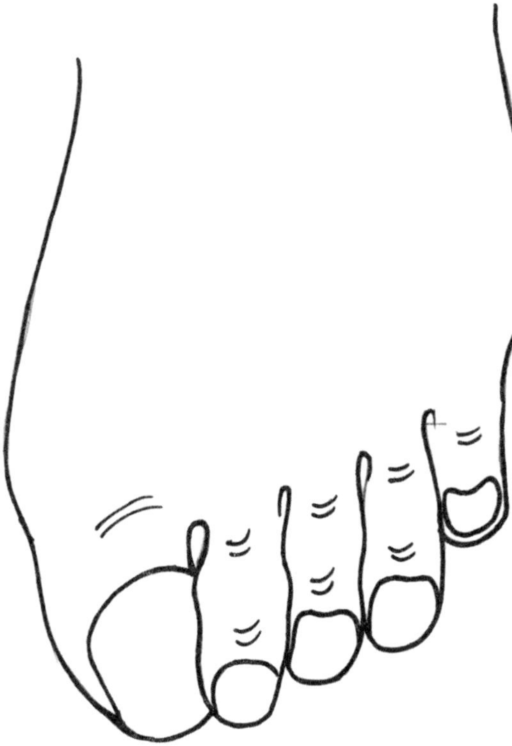

Alluce sottoposto al secondo dito

Denota una natura fredda distaccata, a volte l'individuo potrebbe essere egoista, pronto a non rispettare il pensiero o il volere degli altri. Nella sfera sentimentale non riesce ad avere una relazione duratura e quindi rimane solo per molti anni, quando decide per una convivenza, questa deve essere di suo piacimento.

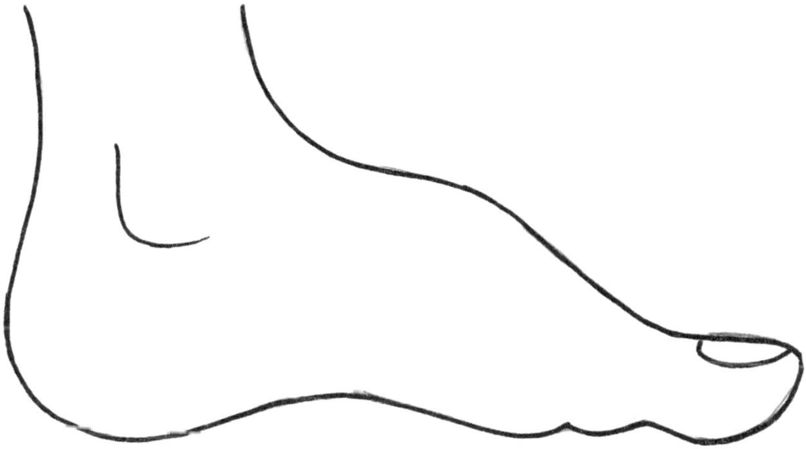

Alluce con inclinazione normale

Disposti a tutto per la loro carriera, amano essere circondati da persone che gli vogliono bene e che siano in sintonia con il loro modo di vedere e vivere le cose. Di solito possono essere impiegati scrupolosi e amano in modo troppo morboso il posto di lavoro. In pensione, provano nostalgia per l'ambiente lavorativo e per la mancata opportunità di scambiare con i colleghi le ultime notizie. Mantenere contatti e intraprendere corsi di studio potrà dare loro piacere e conforto. In amore sono dei romantici, ma quando scoprono qualcosa che non va nel rapporto, non sono capaci di fingere e troncano immediatamente.

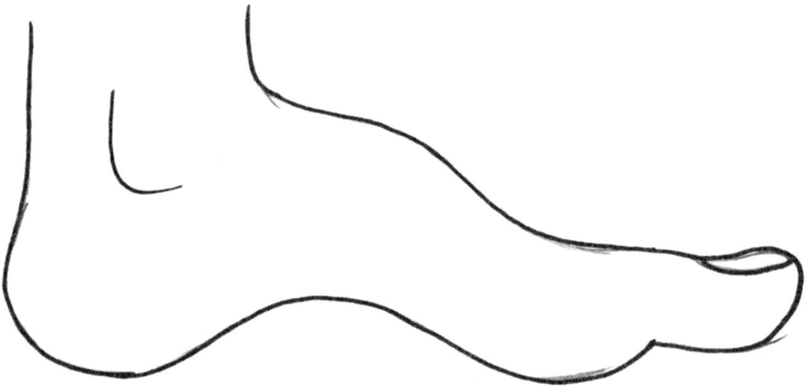

Alluce con inclinazione verso l'alto

Nel momento in cui smettono di lavorare perdono le loro amicizie anche se importanti. Attratti dal gruppo, troveranno soddisfazione frequentando i club, lavorando per la comunità o nel volontariato. Non amano le mezze misure e quando debbono dire qualcosa lo fanno senza paura. Prediligono i lavori di gruppo. In amore sono degli eterni indecisi e non si legano facilmente a persone che non abbiano conosciuto bene. A volte non desiderano avere figli, in altre situazioni amano la famiglia numerosa.

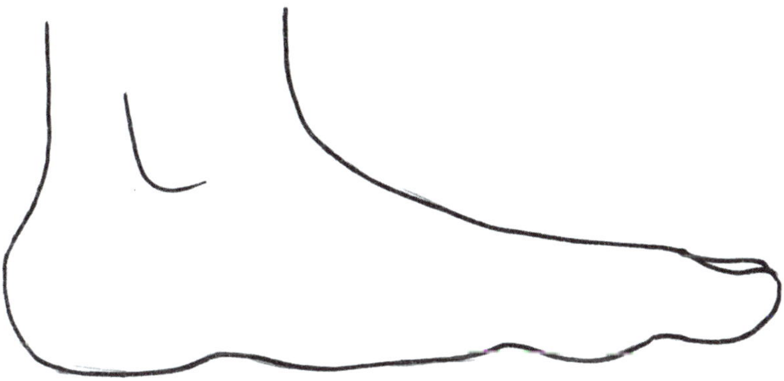

Alluce con inclinazione verso il basso

Trascorrono la vita lavorando secondo schemi e sono sconcertati dal cambiamento di routine. Riusciranno però ad avere tempo che trascorreranno all'aria aperta. Eterni sognatori, spesso si allontanano dalla casa d'origine per restare soli, ma con il pensiero che in qualsiasi momento possano ritornarci. In certi individui il matrimonio è l'ultimo pensiero, quindi potrebbero restare soli, in altre circostanze arrivano a sposarsi ancora giovanissimi, con il rischio di una futura separazione.

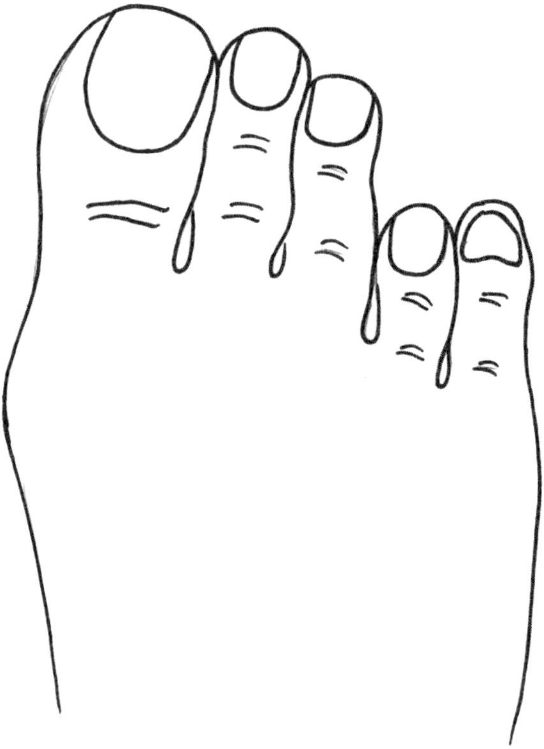

Quarto dito più corto

Un ideatore geniale, dotato di senso pratico. Qui il talento risiede nell'abilità di dare concretezza alle teorie astratte. Significa essere manualmente geniali, poiché il genio risiede appunto nella creatività di genere pratico o costruttivo. In ambito professionale quando vi è un'idea, sarà la persona adatta a metterla in pratica. Nella vita sentimentale non vuole mai fare il primo passo, ma poi diventa possessivo e ad età avanzata potrebbe rimanere solo.

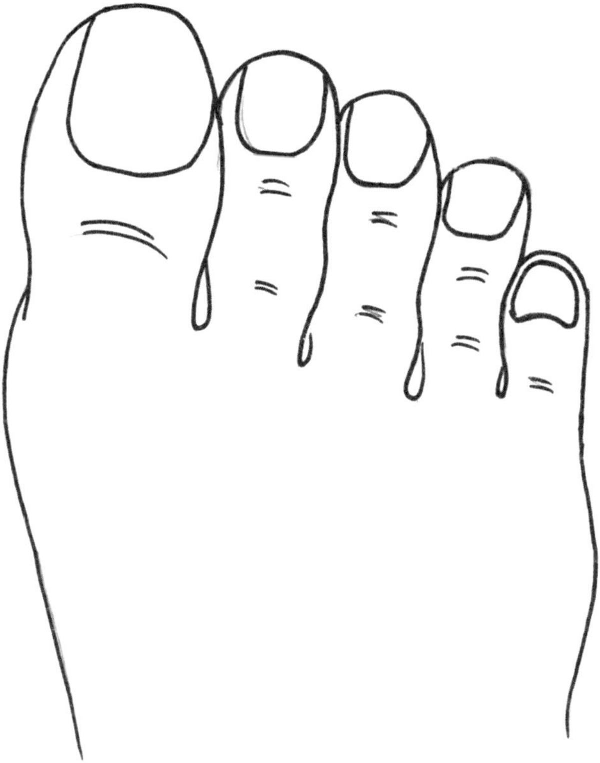

Piede detto egizio

Indipendenza intellettuale e forte carica emotiva sono le caratteristiche di chi possiede questo tipo di piede. Piede egizio perché la sua struttura sembra a forma di piramide. Nella vita queste persone sono avare di natura e cercano di accumulare denaro non per vivere, ma solo per il gusto di farlo, poi, in alcuni casi, possono arrivare a chiedere aiuto a vari istituti. In amore ricercano il partner che possieda una casa. In certi portatori di questo tipo di piede, si possono riscontare avvocati, magistrati e sacerdoti.

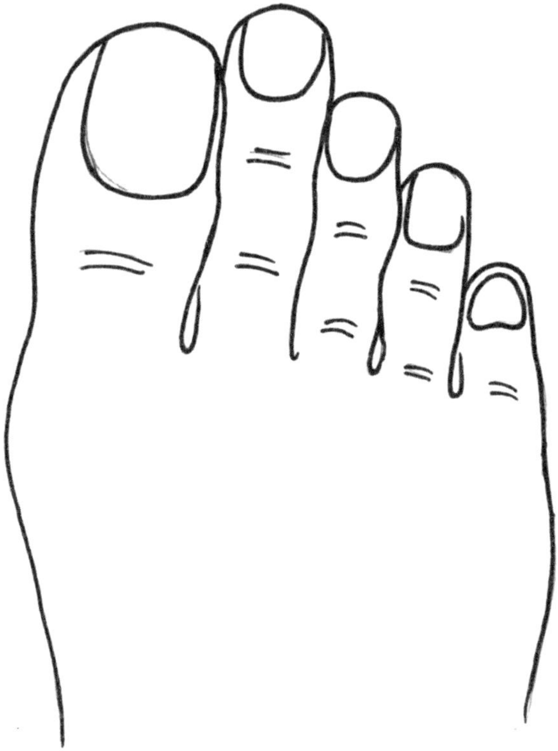

Piede detto greco

Tipico della persona che sa quello che vuole dalla vita. Possono essere mancini e dotati di carica intellettiva. Lo studio per loro diventa sempre più importante col passare degli anni e possono arrivare ad avere più di una laurea, poi applicheranno solo quella che a loro ha dato più soddisfazioni nello studio. In amore amano circondarsi di persone che abbiano un'istruzione come loro. Desiderano una famiglia numerosa, anche se, durante la loro relazione, possono avere qualche avventura, sempre tenuta nascosta. Sono degli ottimi investitori, tuttavia amano spendere sia per loro sia per chi li circonda.

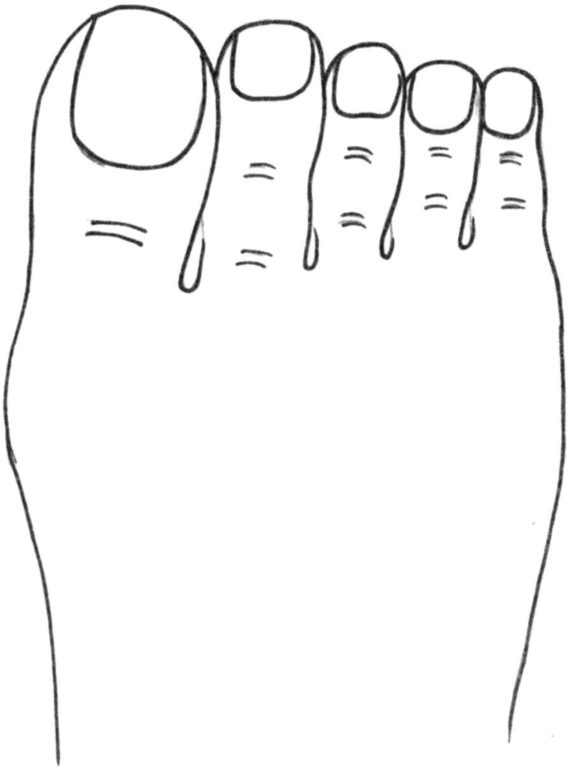

Piede detto romano

Il piede romano presenta dita regolari e perfettamente allineate. Le persone che possiedono questo tipo di piede, hanno una statura al di sotto della media, sono robuste senza essere eccessivamente grasse. Fissano mentre la persona parla, cosa che gli rende lo sguardo duro. Sono degli ottimi investitori in qualsiasi tipo di operazione finanziaria. Nella vita sentimentale apprezzano la dolcezza del partner, e possono avere una famiglia numerosa. In alcuni casi l'individuo potrebbe avere dei problemi per un'eredità, intoppi legali con fratelli o parenti acquisiti.

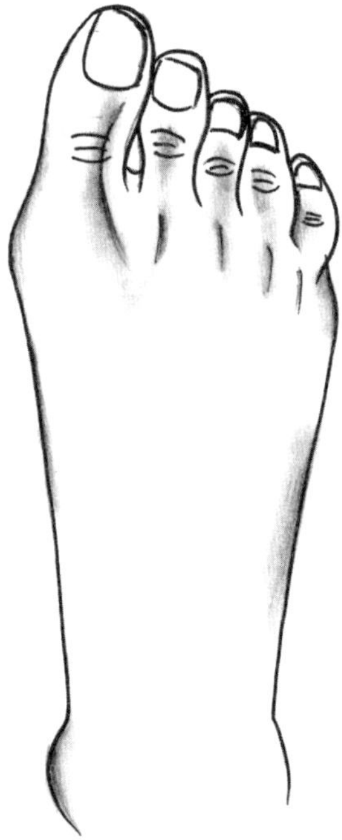

Piede affusolato – carattere farfallone

Si tratta di un piede stretto e aggraziato, femmineo anche nell'uomo. Chi ha un piede di questo tipo in genere dimostra un carattere piuttosto superficiale, che si basa molto sulle apparenze, dando grande importanza al modo di vestire e di comportarsi in pubblico. Una persona con un piede affusolato ama le feste, il ballo, i pranzi, i ricevimenti. Ha tante conoscenze ma pochi amici. Non è interessata ad approfondire i rapporti con gli altri. In amore è gelosa, possessiva, perché ritiene il partner una proprietà esclusiva. Ha una forte affinità con le persone dal piede col collo alto: quando ne incontra una, si sente subito attratta e l'intesa tra i due è immediata.

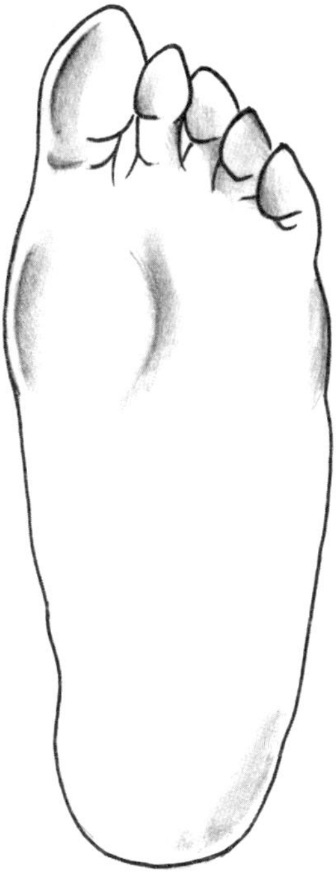

Piede tozzo – egocentrico, ma buono con gli umili

Questo piede, che sembra sgraziato, ha una pianta molto larga. Appartiene in genere a persone taciturne, schive, sospettose, chiuse in se stesse, che odiano essere giudicate dagli altri e per questo diventano egocentriche e burbere. È il piede di chi ambisce a posti di prestigio, di chi ha sete di potere e di comando. Ma quando li raggiunge, diventa stranamente buono e generoso soprattutto con i deboli e gli umili. Il piede tozzo dimostra affinità con il piede piccolo e con quello a collo alto, tipologie con le quali può instaurare un rapporto di amicizia cauta. In amore, si dona quando vede che c'è una forte intesa, tuttavia non si abbandona mai totalmente alla passione. È controllato e calcolatore anche nei rapporti sessuali.

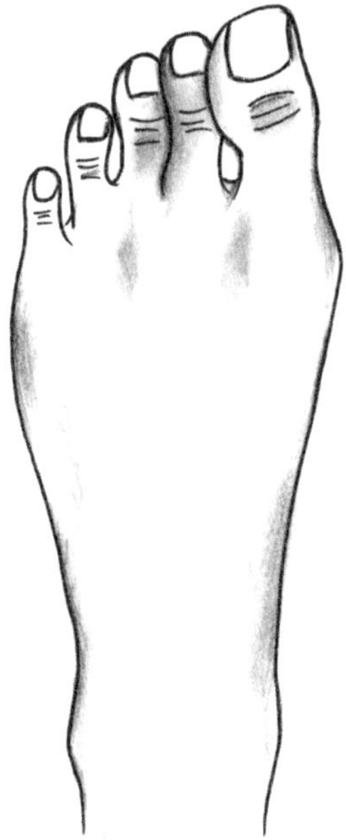

Piede piccolo – sognatore timido

È un piede che generalmente rientra nei numeri dal 34 al 36. Chi ha un piede piccolo è un "sognatore timido e triste", che si sente schiacciato dalla realtà. Non riesce a conciliare fantasia e praticità, e per questo è quasi sempre scontento. Rimane, però, aggrappato alla speranza e fa sogni, e non si lascia sfuggire occasione per tentare di realizzarli, aumentando continuamente i suoi conflitti interiori. È un oculato risparmiatore. Persona fondamentalmente giusta e onesta. Dimostra affinità con le persone dal piede affusolato con le quali può avere un'ottima intesa sessuale. Se trova la persona giusta, può vincere i suoi complessi e le sue tristezze e vivere sereno nel rapporto di coppia. Ma, purtroppo, la persona con il piede piccolo non fa quasi mai il primo passo: ha bisogno sempre di essere incoraggiata.

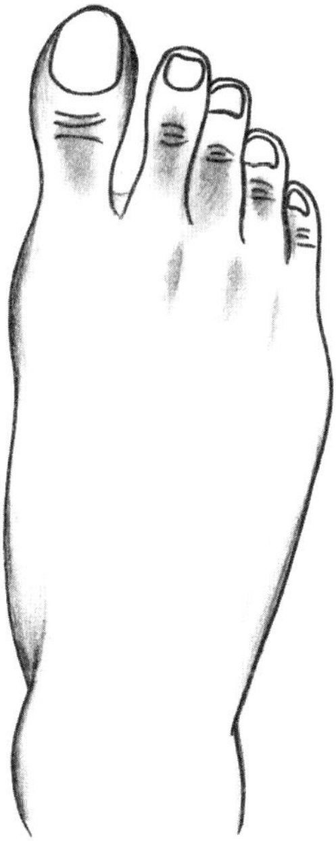

Piede grande – inquieto, e alla fine fedele

Un piede grande ha una misura dal 44 in su per gli uomini e dal 41 al 42 per le donne. La principale caratteristica di chi ha questo tipo di piede è la voglia di arrivare al successo, alla notorietà e per ottenerli è disposto a tutto. Ma una volta raggiunto ciò che desidera, non è soddisfatto, perché vittima di un'ambizione sfrenata che lo rende sempre inquieto e può diventare causa di tanti fallimenti. Il piede grande ha affinità con il piede piccolo e con quello dal collo alto. Sempre alla ricerca dell'anima gemella, il piede grande intreccia molte relazioni brevi dimostrando una spiccata infedeltà. Solo nella maturità, verso i cinquant'anni, se trova la persona giusta sarà il suo amore per sempre.

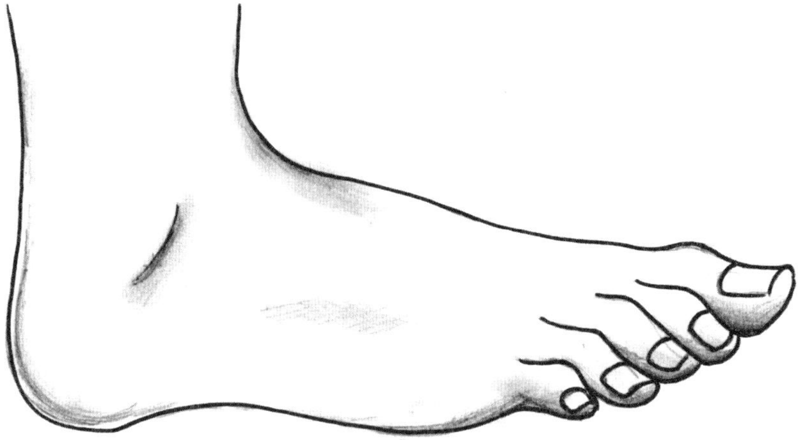

Piede con il collo alto – arrampicatore sociale

Un piede di questo tipo ha un dorso molto breve, che si innesta subito nella caviglia. È indice di un attaccamento solido e concreto alla vita. Gli individui con questo piede sono ambiziosi, megalomani, e si battono per raggiungere posizioni elevate nella società. Non hanno scrupoli e non temono ostacoli. Amano vivere all'aria aperta, ma solo per sentirsi liberi. Chi possiede un piede dal collo alto ha una forte affinità con persone dal piede tozzo, con le quali ottiene una grande armonia sessuale. In amore, gli individui con questo piede sono però avari: preferiscono ricevere piuttosto che dare.

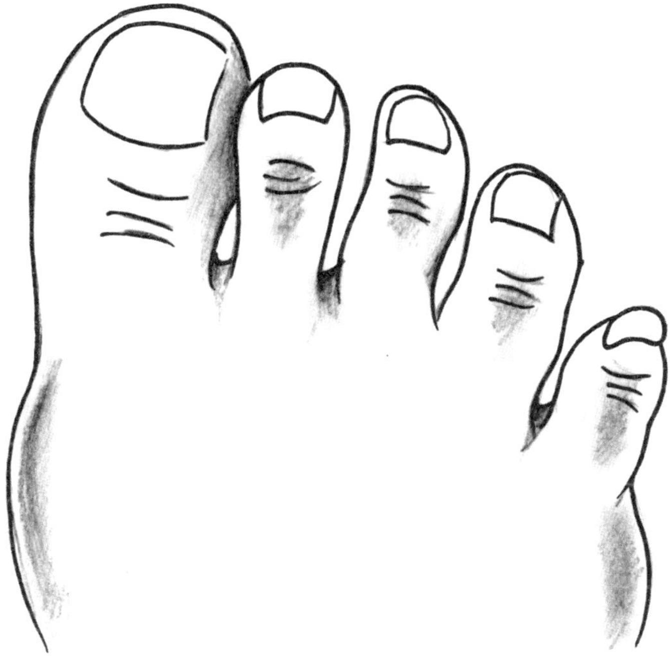

Piede con le dita corte – testardo e audace

Le dita corte rivelano testardaggine, tenacia, ma anche audacia. Le persone con le dita dei piedi corte sono in genere molto decise e hanno la capacità di proseguire senza esitazioni nella strada che hanno scelto. Sono risolute nelle questioni economiche e riescono quasi sempre a trovare un lavoro che permette loro di esprimere le proprie conoscenze specifiche. Sono spesso persone coraggiose, pronte a buttarsi nella mischia per ideali altruistici. Peccato che siano penalizzate per scarsa fantasia. Anche in amore non azzardano mai, forse per paura di venire respinte. Di conseguenza, le loro relazioni risultano nella maggior parte dei casi all'insegna della titubanza.

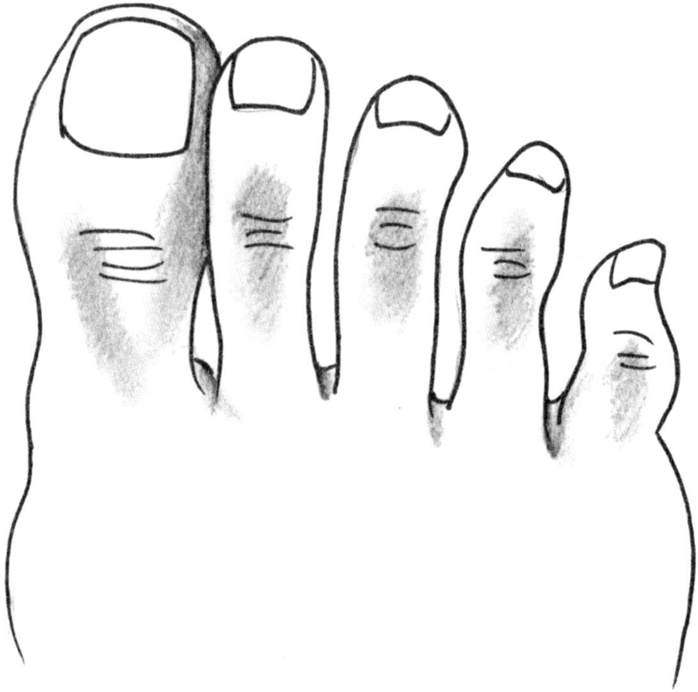

Piede con le dita lunghe – perfezionista a oltranza

Chi possiede un piede di questo tipo è in genere un perfezionista estremo. Le cose devono essere fatte a modo suo e per far sì che questo accada è in grado di opporsi con energica autorità. Per la puntualità e la precisione, un piede con le dita lunghe riesce a difendere molto bene i successi ottenuti. Quando arriva all'apice della carriera è quasi impossibile che perda la posizione raggiunta. È un calcolatore freddo anche nei rapporti di coppia: quello che dà vuole poi ricevere in cambio. Per questa ragione, difficilmente coltiva un'amicizia o intraprende una relazione senza pensare anche all'interesse che ne può avere.

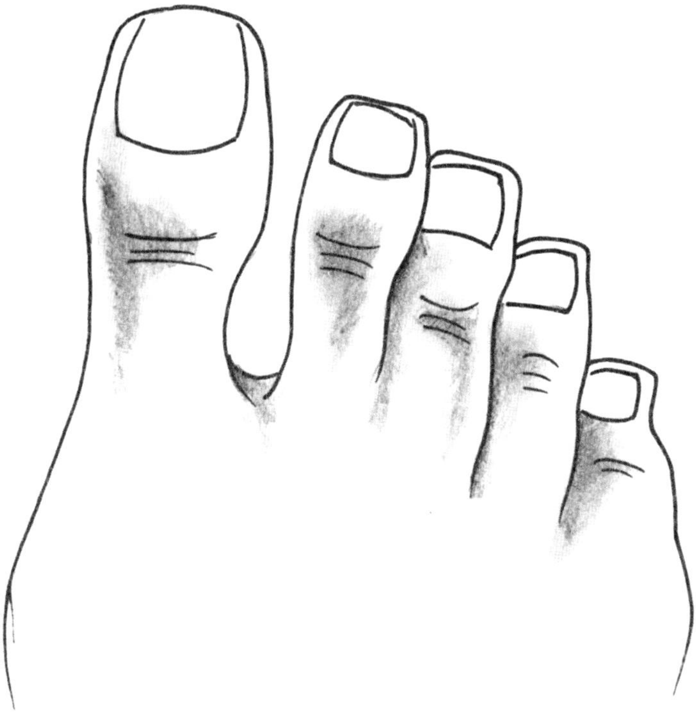

Piede con le dita a martello – prepotente e volubile

Le dita a martello hanno la punta piuttosto squadrata e sono indice di prepotenza. Chi ha un piede di questo tipo vuole sempre avere ragione e rifiuta i consigli degli altri senza nemmeno averli ascoltati. La sicurezza che ostenta in realtà non è così forte: cambia spesso idea dimostrando poca fiducia in se stesso. La sua tendenza a dettar legge e il fatto di essere molto volubile giocano a suo sfavore nelle questioni sentimentali. Difficilmente il piede con le dita a martello intraprende una relazione seria: in genere preferisce storie superficiali con partner che si adattano al suo carattere irruente. Ma è destinato a essere abbandonato e a vivere spesso solitario.

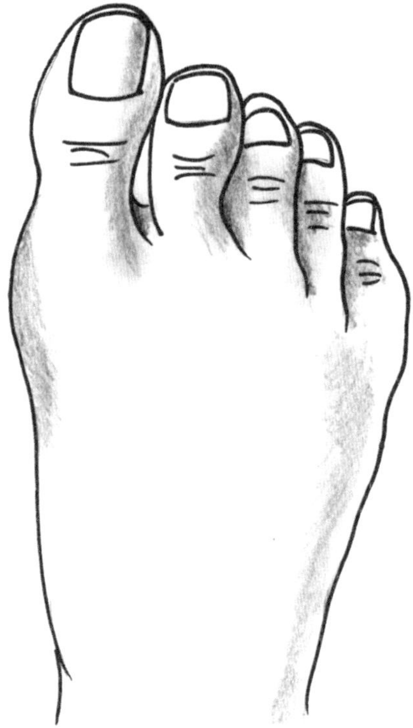

Piede con le dita grosse – romantico e generoso

È il piede del generoso, dell'altruista, di chi è sempre pronto ad ascoltare gli altri, a consolare chi ne ha bisogno e anche a trarre utili consigli dalle parole degli amici e dei conoscenti. Non è schiavo della carriera e non è attaccato ai soldi, per questo difficilmente raggiunge posti importanti. È un romantico, un sognatore, capace di restare fedele a vita quando trova la persona giusta. Per il piede con le dita grosse, la vita va organizzata e pianificata ma senza ansia bensì in modo sereno e lineare. In amore è pieno di attenzioni, di gentilezze, preoccupato che il partner raggiunga la massima felicità.

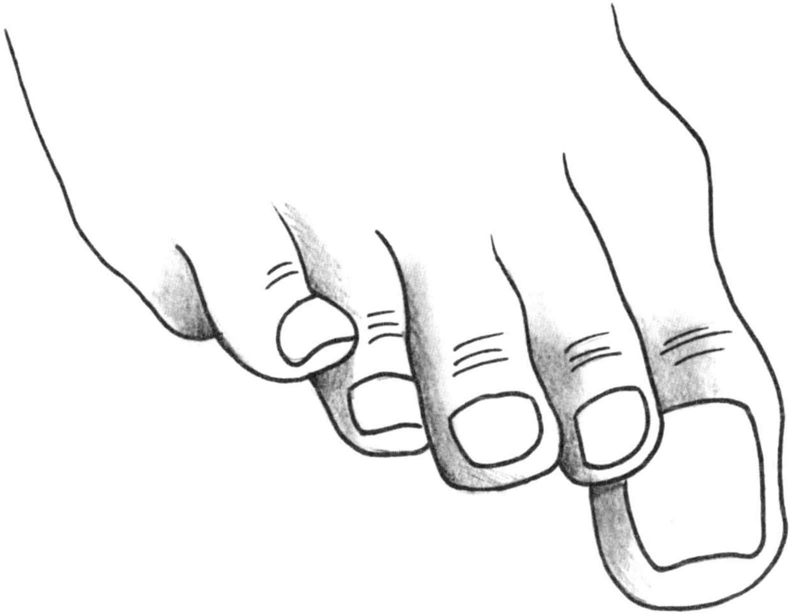

Piede con le dita accavallate – determinato e vincente

È un piede piuttosto strano ma non raro. Le dita accavallate, soprattutto il dito più piccolo che sormonta le altre, sono abbastanza diffuse. È la caratteristica di una persona determinata a ottenere il successo in tutto quello che desidera, sia in campo professionale che in quello sentimentale. Nulla lo ferma. Se trova un ostacolo, sa sempre come rimuoverlo. La maggior parte dei piedi con le dita accavallate ottiene un buon lavoro, ben retribuito, frequenta partner affascinanti, che ha conquistato con molta sicurezza. Chi possiede un piede di questo tipo viene spesso invidiato e quindi deve sempre saper riconoscere i veri amici.

Dalle dita dei piedi i 7 vizi capitali

I piedi sono una delle parti più umili del corpo umano ma non per questo meno importanti. Nella nostra civiltà i piedi sono dimenticati e spesso bistrattati. Vengono tenuti nascosti in calzature alla moda che sono a volte un tormento. Mai esibiti, quasi che di essi ci vergognassimo. Li curiamo perché ci servono, ma non ne parliamo, non pensiamo che possano darci delle informazioni, non abbiamo l'abitudine di osservarli attentamente per valutare una persona.

Gli antichi consideravano i piedi come le radici degli alberi. I piedi succhiano dal suolo le energie primordiali, originarie, quelle che percorrono il pianeta fin dalla sua creazione. Per questa ragione, sono il mezzo che tiene il nostro io istintivo in contatto con la vita universale.

Gli antichi avevano messo a fuoco un'arte mantica particolare per conoscere, attraverso lo studio dei piedi, la persona e predirne il destino. Si chiamava "podomanzia", dal greco *pous-podos*, piede, e *manteia*, indovino. Arte e anche scienza: avevano evidenziato rapporti matematici tra il piede e le altre varie parti del corpo umano.

Aulo Gellio racconta come Pitagora deducesse la statura di Ercole dalla lunghezza del suo piede: *Ex pede, Herculem.*

La podomanzia era nota e apprezzata dai Greci, dai Romani, dai Caldei, dai Cinesi, dagli Assiro-Babilonesi, dai Persiani, dagli Egiziani. Cleopatra ne era una esperta conoscitrice.

Gli studiosi di questa arte avevano individuato, sotto la pianta del piede, una mappa fantastica di linee sottilissime che, secondo loro, erano collegate con i vari organi del corpo e che andavano soggette a modificazioni sensibili quando gli organi corrispondenti si ammalavano. Erano, quindi, una preziosa "spia" per giudicare lo stato di salute dell'individuo.

Inoltre, sempre nell'area plantare del piede, avevano evidenziato punti particolarmente sensibili, ritenuti in stretto rapporto con i segni dello zodiaco e con i "chakra", i centri di energia di cui parlano le discipline yoga, situati in particolari parti del corpo, dove la forza vitale si concentra. Consideravano quei punti molto importanti per lo sviluppo armonioso del corpo, della mente, del carattere, della sensibilità e su di essi intervenivano con tecniche sollecitative per attivarli.

I piedi, quindi, secondo gli insegnamenti della fisiognomanzia, sono una stupefacente centrale di informazioni per la conoscenza della persona. Lo studio complessivo del piede è vastissimo. Le informazioni che fornisce riguardano la persona nei suoi vari aspetti: fisico, mentale, psichico, spirituale, sentimentale eccetera.

Invece, prendendo in considerazione alcune caratteristiche delle dita dei piedi, ci limitiamo a osservare le energie vitali predominanti in quella persona. Energie legate prevalentemente alla corporeità, che alimentano le tendenze, che spingono a certi comportamenti istintivi. Sono forze preziosissime, indispensabili per lo sviluppo, la conservazione e la crescita della persona. Ma sono anche talmente potenti che, se l'individuo non le domina con la volontà guidata dalla sapienza, prendono il sopravvento, ed essendo irrazionali e cieche, provocano distruzione, portano le persone ai vizi, a quelle abitudini dannose e deleterie, cioè, che la tradizione ha indicato in numero di sette: i sette vizi capitali.

Ecco una serie di sette tipologie che possono offrire un orientamento per scoprire quali delle forze vulcaniche che stanno alla base dei vizi capitali potrebbero essere presenti nelle persone che abbiamo accanto. Naturalmente, si tratta sempre di una "presenza" intesa come "inclinazione", come "tendenza" istintiva. Oltretutto, difficile da evidenziare perché ogni individuo, crescendo, impara a dominare, a frenare, a educare le energie istintive che sono in lui. Senza, però, riuscire mai a cancellarle del tutto, ed è per questo che esse, anche se dominate, finiscono per "colorare" per così dire la personalità dell'individuo, dandogli quelle caratteristiche inconfondibili che lo contraddistinguono.

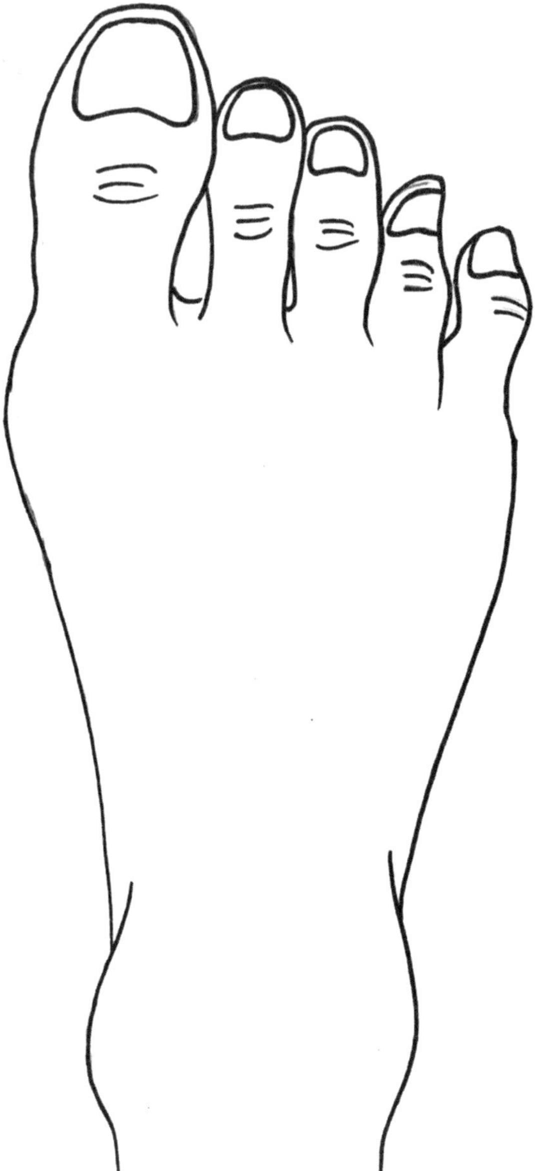

Alluce grande – superbia

Un alluce molto grande, sproporzionato rispetto alle altre dita del piede, è indice di superbia. La persona con un simile alluce è, in genere, molto sicura di sé e delle proprie capacità, convinta di poter far fronte a qualunque tipo di situazione. È indubbiamente una persona con grandi qualità ma, purtroppo, ha anche la tendenza a considerare gli altri dall'alto in basso, a ritenerli esseri inferiori. L'energia che alimenta questo atteggiamento è, alla sua origine, buona. Proviene dalla coscienza del proprio valore e dalla consapevolezza che va difeso e affermato. Ma quando oltrepassa i limiti del buon senso, della ragionevolezza, si tramuta in superbia e disprezzo degli altri, in presunzione sfrenata e desiderio di controllare il prossimo. Allora non si tratta più di energia positiva, ma distruttiva. Il superbo perde il senso del limite e si getta in una dimensione che finirà per isolarlo dagli altri. Ma se riesce a imbrigliare queste forze, a incanalarle in un controllo razionale, può diventare un grande capo, un leader carismatico. In certi casi, però, gli alluci molto grandi sono anche indice di una "pseudo superbia". La persona in questione non è sicura di sé. Al contrario, cerca di mascherare con un atteggiamento di superiorità la paura per le delusioni e gli insuccessi. Si rifugia dietro un comportamento superbo per timore che gli altri possano accorgersi delle sue qualità normali, per nulla eccezionali. Nello stesso tempo, però, proprio perché insicura, questa persona potrebbe capire la propria situazione, accettarla, riconoscere negli insuccessi delle occasioni per fare esperienza e diventare saggia, prudente, umile.

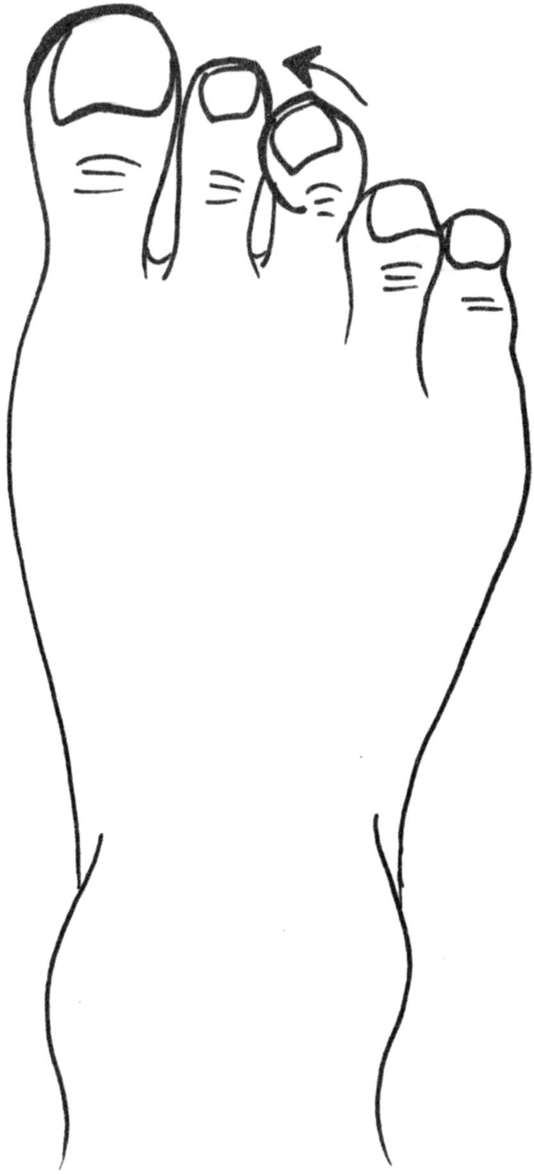

Dito piegato verso l'alluce – accidia.

Chi ha un dito piegato verso l'alluce, quindi verso l'interno del piede, tende all'accidia, cioè alla pigrizia. Le energie istintive che predominano in queste persone, sono quelle della prudenza, della calma, della tranquillità, del raziocinio, della pacatezza. Quindi, sono tendenze ammirevoli, preziose, che spingono a diventare persone sagge, equilibrate, serene. Ma se prendono il sopravvento, si trasformano in un ciclone distruttivo. La persona che non controlla queste energie, diventa pigra, indolente, indifferente a tutto, svogliata, tediata, sempre annoiata. Una persona inutile per se stessa e per la società. Non ha orgoglio, non ha sogni, non si pone obiettivi. Si abbandona anche al disordine fisico, non cura il suo vestire, la sua casa, la sua famiglia e non ha vergogna di mostrarsi sciatta. Diventa un peso morto nell'ambiente dove vive. Può arrivare anche al rifiuto della vita, lasciandosi cinicamente morire. Al contrario, se la persona coltiva le sue tendenze di cui è dotata, le educa e le affina, può raggiungere grande considerazione nell'ambiente dove vive, diventare un elemento prezioso, che sa dare consigli saggi, sa risolvere situazioni delicate. Queste persone possono diventare grandi diplomatici, amministratori impareggiabili, governanti saggi, guide spirituali.

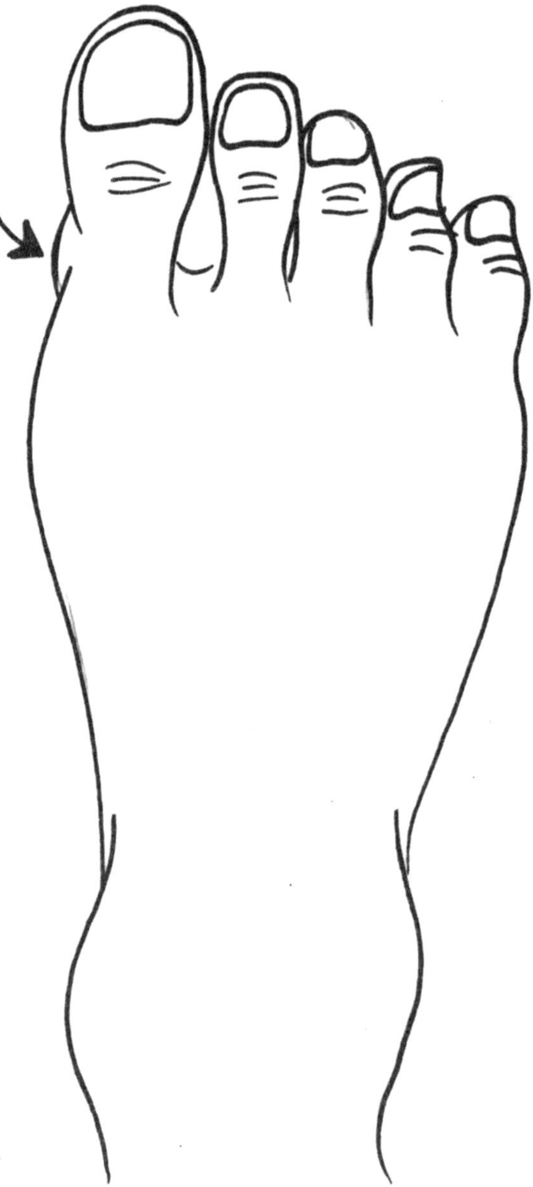

Rigonfiamento alla base dell'alluce – lussuria

Un rigonfiamento a lato del piede, alla base dell'alluce, è indice in genere di tendenza alla lussuria. La persona con questo segno appare passionale, focosa, vitale, estroversa, socievole, sempre pronta a fare conquiste in campo sentimentale. Le energie istintive predominanti in lei sono quelle sessuali. Sono le energie che spingono all'accoppiamento, e sono prepotenti proprio perché devono assicurare la continuità della specie. Per assicurarsi che questo compito di estrema importanza venga realizzato, la natura lo ha legato a uno dei piaceri fisici più intensi. Sono energie ancestrali, radicate nel profondo, ma quando le persone ne diventano schiave, quando si danno alla ricerca incondizionata di questo piacere diventano appunto lussuriose. Il termine lussuria, deriva dal latino *luxus* che significa lusso, *luxuria* quindi diventa "brama sfrenata di piaceri sessuali". In genere, chi tende alla lussuria è egoista, pensa solo a se stesso, non ha grande opinione degli altri perché non vede in loro delle persone ma solo dei corpi più o meno piacenti. È una situazione che genera ansia, agitazione, perenne insoddisfazione perché diventa quasi impossibile interagire col prossimo. Molte persone che hanno una naturale tendenza verso la lussuria dimostrano anche una fervida fantasia con la quale costruiscono un mondo immaginario dove tutto è loro concesso. Così finiscono per isolarsi dalla realtà.

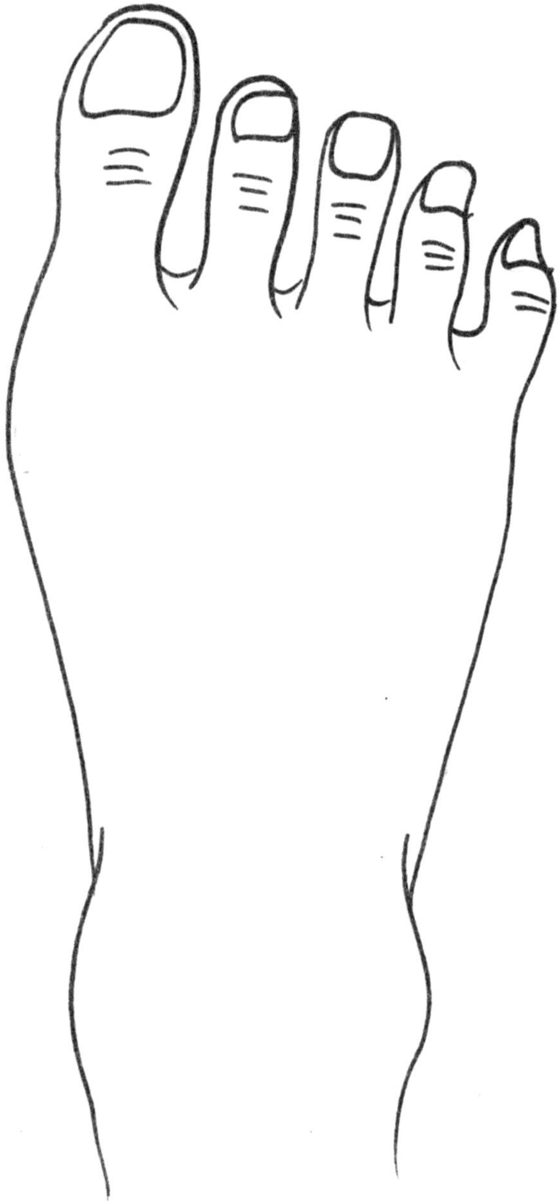

Dita distanziate – l'ira

Piedi con le dita ben distanziate tra loro sono indice di una tendenza all'ira. Le persone che hanno le dita dei piedi aperte sono in genere poco tolleranti e scattano per un nonnulla. I piccoli imprevisti quotidiani, anche gli ostacoli più insignificanti sono sufficienti per scatenare reazioni esagerate, imprecazioni volgari o, nei casi più gravi, attacchi violenti. In genere la colpa viene data alla vita stressante, ai ritmi di lavoro esasperanti, al traffico, al troppo rumore, alla maleducazione degli altri e così via. Ma in realtà sono le energie che alimentano l'ira a dominare in queste persone. Quando si trovano tranquille, in uno stato normale, queste persone sono ammirevoli. Sono orgogliose, dignitose, un po' chiuse in se stesse, nel senso che non amano far sapere agli altri i segreti della propria vita, della propria famiglia. Sono grandi lavoratori, fedeli al dovere, rispettosi dei diritti altrui, amanti della giustizia. Sono anche molto spesso persone timide, riservate, silenziose, che vivono con pignoleria maniacale i valori in cui credono. Se appena qualcuno li infrange, li offende, li deride, scatta in loro una scintilla potente che incendia reazioni spaventose. Diventano violente, sono accecate dalla passione, e il tutto si verifica in pochi attimi. Passata la bufera, riconoscono l'errore, ma spesso è troppo tardi perché la loro ira potrebbe averli già portati a commettere azioni irreparabili.

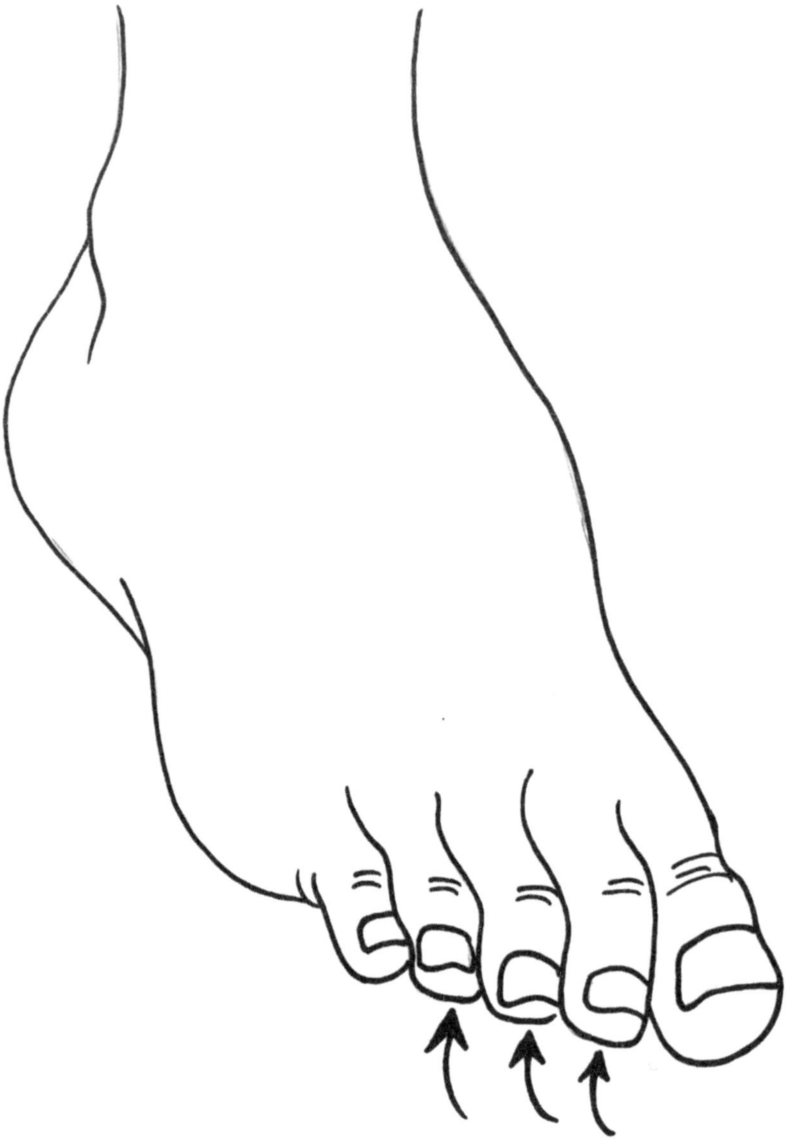

Dita curve – la gola

Se le tre dita centrali del piede sono curve al punto da formare una linea retta con l'alluce e il mignolo. Siamo di fronte al segnale di una tendenza verso il vizio della gola. Queste persone amano la buona tavola, la compagnia, i sapori diversi, i profumi inebrianti dei cibi. Sono allegre, bonaccione, accondiscendenti, pacifiche, ma sembra che l'unico scopo della loro esistenza sia quello di ingurgitare cibi e bevande. Le energie che predominano in questi individui provengono dall'istinto di conservazione. Sono energie ancestrali, simili a quelle sessuali che provvedono alla conservazione della specie. Si sono radicate nell'uomo quando cacciare per ottenere cibo era l'unico modo di vivere. Ma, con il passare del tempo hanno degenerato. Non obbediscono più al naturale istinto di ricorso al nutrimento per sopravvivere e per operare, ma la ricerca del cibo diventa fine a se stessa. Questi individui non mangiano per vivere, ma vivono per mangiare. Quando non si controllano, queste persone diventano vittime del cibo. Spesso non sono neppure dei buongustai. A poco a poco, il vizio della gola si impossessa della loro volontà e le degrada al punto che non hanno più il senso della dignità personale, dell'orgoglio. Per il cibo e per il bere si umiliano all'inverosimile. Distruggono il proprio corpo e la propria mente. Secondo gli psicologi, chi ha una forte tendenza alla golosità è spesso una persona che teme di non riuscire a controllare la propria vita, che ha paura di non essere all'altezza delle aspettative degli altri.

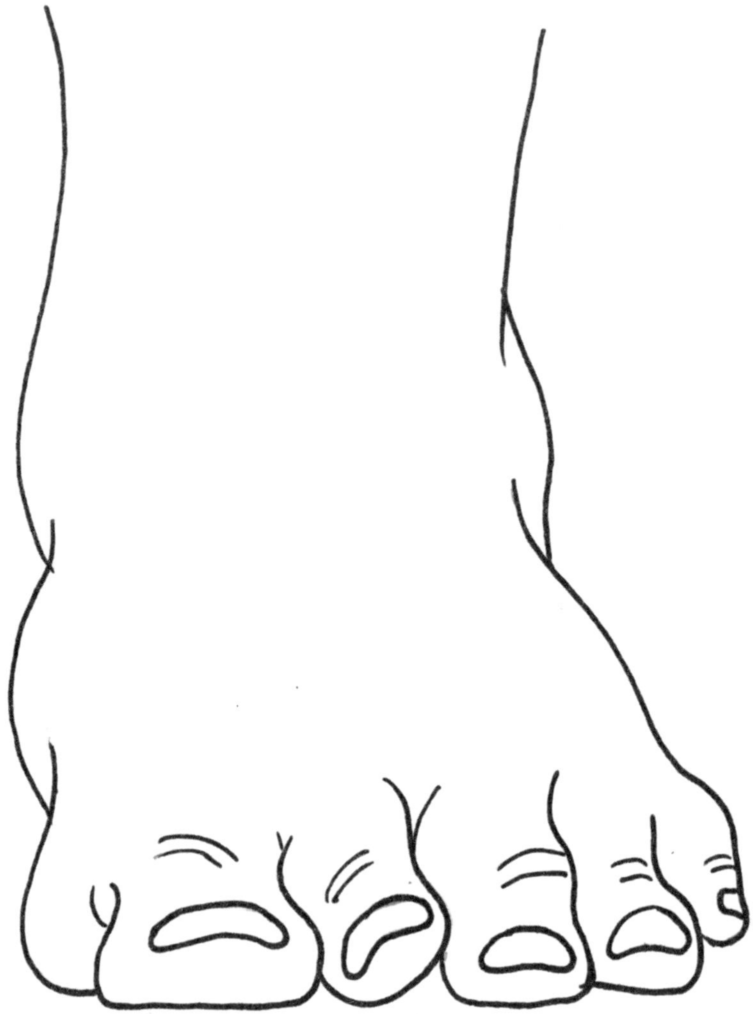

Dito con torsione – avarizia

Un dito storto, cioè con una torsione che porta l'unghia ad essere rivolta verso l'esterno o l'interno del piede, indica tendenza all'avarizia. L'avaro è, apparentemente, una persona parsimoniosa, oculata, prudente nelle spese. Potrebbe essere indicato come persona saggia, da imitare. Marcel Jouhandeau diceva che l'avarizia è il fondamento dell'economia. Ma il comportamento dell'avaro non è dovuto al desiderio di fare economia quanto al desiderio di non perdere in alcun modo il denaro accumulato. In realtà, il suo comportamento è suggerito dall'egoismo spinto al punto da vivere in miseria pur essendo ricco. La ragione per cui l'avarizia viene considerata un vizio capitale sta nel fatto che è generatrice di tanti comportamenti gretti e in conflitto con la dignità umana. L'avaro non pensa mai agli altri, non è disponibile ad aiutare nessuno, non è sensibile alle disgrazie altrui, non ha obiettivi da raggiungere se non quello di accumulare ricchezze. Sta chiuso nel proprio egoismo, non è mai sazio di ciò che possiede, vive male pur di incrementare il patrimonio. La sua non è un'esistenza umana dignitosa, ma un'esistenza da schiavo. Egli dissipa il proprio tempo, le sue qualità, la sua intelligenza, la sua volontà, la sua creatività nella ricerca di qualche cosa che non serve a niente, perché il denaro che accumula non viene usato se non per fare altro denaro. In questo modo, l'esistenza dell'avaro diventa vuota, sterile, inutile. "L'avaro è come il porco, che è buono dopo morto", recita un proverbio popolare. E un'altro: "L'avaro è come l'asino che porta il vino e beve l'acqua". L'avaro è tale anche nei sentimenti, nei pensieri, nelle relazioni sociali. Non conosce mai l'amore per nessuno. E cosa peggiore per lui, non riesce mai a prendere coscienza del baratro in cui è caduto perché ritiene di vivere in modo virtuoso.

Dito piegato verso il mignolo – l'invidia

Chi ha un dito piegato verso il mignolo, cioè verso l'esterno del piede, è una persona che tende all'invidia, vizio tra i più complessi e strani. Apparentemente potrebbe sembrare innocuo, in realtà può portare le sue vittime fino alla pazzia. Alla sua origine, l'invidia è un sentimento positivo. Nasce dall'osservare le doti, le attività, i successi del prossimo. Si trova quindi in persone sensibili alle cose belle e costruttive che vedono intorno a se. E la loro prima reazione è quella dell'emulazione. Si sentono spinte a fare altrettanto. Anzi, di più. E fin qui va tutto bene. *Exenpla traunt*, dicevano i romani, "gli esempi trascinano". Sono moltissime, infatti, le persone di successo che hanno iniziato a costruire la loro carriera spronate dal successo degli altri. Ma l'invidioso è anche egoista ed ha un animo gretto, cattivo. Di fronte alle cose positive che vede, anche lui si sente spronato a fare altrettanto. Ma nello stesso tempo vuole essere il solo a primeggiare, non vuole che altri abbiano le stesse gratificazioni. È da questo atteggiamento interiore che nasce l'invidia, cioè un sentimento di astio, di intimo rodimento per un evento lieto che appartiene ad altri. A questo punto, l'energia positiva di voler imitare le cose belle, diventa negativa e inizia il comportamento dell'invidioso che è fatto di meschinità, vendette, maldicenze, bugie, raggiri, invenzioni, calunnie. Per lui, tutto diventa lecito pur di distruggere l'avversario. Nel suo cuore sempre più inquieto, nascono odi, rancori, ansie. Considera ciò che gli altri conquistano come qualcosa di mai dovuto e non concepisce la dedizione, la fatica e la costanza, doti che premiano chi le ha coltivate assiduamente. Ogni volta che qualcuno gioisce è motivo di sofferenza per l'invidioso, una sofferenza profonda, silenziosa, che lo fa sentire inadeguato, inferiore, perseguitato. Alla fine, l'invidioso distrugge se stesso, degradando la sua personalità e arrivando a volte alla fobia patologica. Se invece l'individuo riesce a dominare la tendenza negativa che lo spinge, diventa una persona estremamente attiva, socialmente utile, perché sempre pronto a seguire chi fa, chi agisce, chi realizza cose importanti.

Dalla pianta del piede le forme dell'io

Come i maestri dell'antica medicina cinese insegnano, la pianta del piede non solo raffigura in miniatura l'intero corpo umano ma può anche dirci a quale tipologia appartiene una persona e quali sono le sue caratteristiche essenziali.

Da questo punto di vista – quello della pianta del piede – gli individui si dividono in quattro categorie, ciascuna delle quali connessa a un Elemento cosmico: Terra, Fuoco, Aria e Acqua.

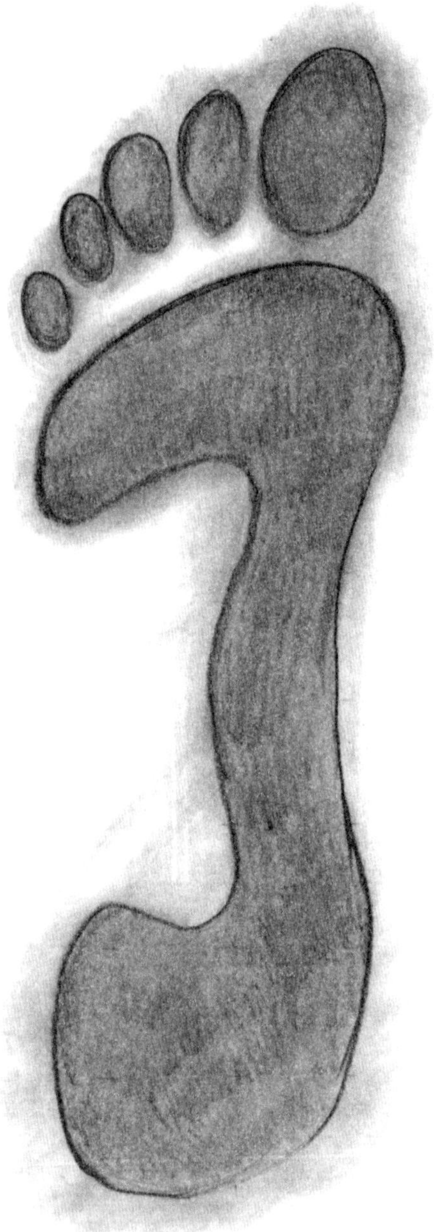

La pianta "Terra"

Richiama nei suoi rapporti di lunghezza e larghezza la forma del QUADRATO: l'area del metatarso (quella che comprende anche le dita) e quella del tallone sono infatti proporzionalmente simili. Tradizionalmente la forma geometrica del quadrato simboleggia proprio la materia, la Terra. L'elemento Terra indica stabilità, sicurezza, forza e determinazione. È radice e radicamento, il nutrimento di ciò che vive. Solitamente, dunque, i soggetti che hanno un piede marcatamente "Terra" sono attaccati alle tradizioni, alla loro terra natale, sono concreti, radicati, affidabili e mantengono la parola data. Non aspettiamoci però da loro grandi guizzi di creatività, né il colpo di testa o che facciano un salto nel vuoto... i loro piedi, se ci pensate, sono come un'ancora, troppo pesanti e troppo poco aerodinamici per volare! Gli individui col piede "Terra" potranno essere dei veri amici, prodighi di buoni consigli e sempre presenti nel momento della necessità, oppure dei compagni con i quali fare tanta lunga strada, costruire molte cose importanti insieme, con grande stima, fiducia e sicurezza. Il loro sguardo sul futuro sarà sempre improntato all'ottimismo e incombenze e pensieri non li spaventeranno più di tanto.

La pianta "Fuoco"

È assimilabile al TRIANGOLO: in questo caso l'area del tallone è decisamente più stretta di quella del metatarso, la forma del piede ricorda un triangolo capovolto che ha il suo vertice nel tallone e spesso le dita si estendono a raggiera richiamando l'immagine delle fiammelle. L'Elemento Fuoco è simbolo di vita, richiama la nascita, il sole che riscalda e nutre con la propria luce e apporta conoscenza. Generalmente i soggetti che hanno il piede "Fuoco" sono impulsivi, intuitivi, creativi, molto attivi e in un certo senso facilmente infiammabili. Sempre in movimento, a volte sono un po' instabili, come la fiamma di una candela. Dominanti per natura, tendono ad attirare l'attenzione; in un gruppo di amici brillano per la loro simpatia e per la loro capacità di trascinare gli altri. In amore sono focosi, talvolta un po' gelosi; il loro punto debole, infatti, è l'impazienza insieme ad una certa dose di intolleranza. Presi per il verso giusto, però, riescono a rendere frizzante e interessante anche un momento banale. In una relazione portano intuizione e saggezza anche se sanno bruciare il vecchio per fare spazio al nuovo.

La pianta "Aria"

Allungata e stretta, ricorda un RETTANGOLO: l'area del tallone e quella del metatarso sono piuttosto strette e si corrispondono per larghezza, mentre lo sviluppo della pianta avviene principalmente in lunghezza. L'Elemento Aria rinvia all'etere, al gelo, al mondo soprasensibile, sede di astrazioni, ideali e spiritualità. L'aria fornisce l'ossigeno, che è il nutrimento delle realtà più sottili, è leggera, impalpabile, imprendibile. I soggetti che hanno il piede "Aria" sono molto giovanili anche in età adulta. Apparentemente fragili e delicati, sono invece forti delle loro idee e credenze. Sono persone idealiste, che abitano mondi eterei, spesso distaccati dalla realtà comunemente accettata. I loro piedi a volte sembrano così leggiadri da poter volare e realmente per chi li ha può essere difficoltoso ancorarsi, così come sottostare a regole prefissate, alla concretezza e alla praticità del quotidiano. Meglio sarebbe poter vivere nel platonico mondo delle idee e dell'immaginazione creativa senza confini, dove il pensiero, i valori e gli ideali spaziano in verdi prati senza recinti. In una relazione di amicizia o di affetto il loro apporto sarà fine, più energetico che materiale, e saprà offrire un'inedita visione dei problemi e inattese soluzioni.

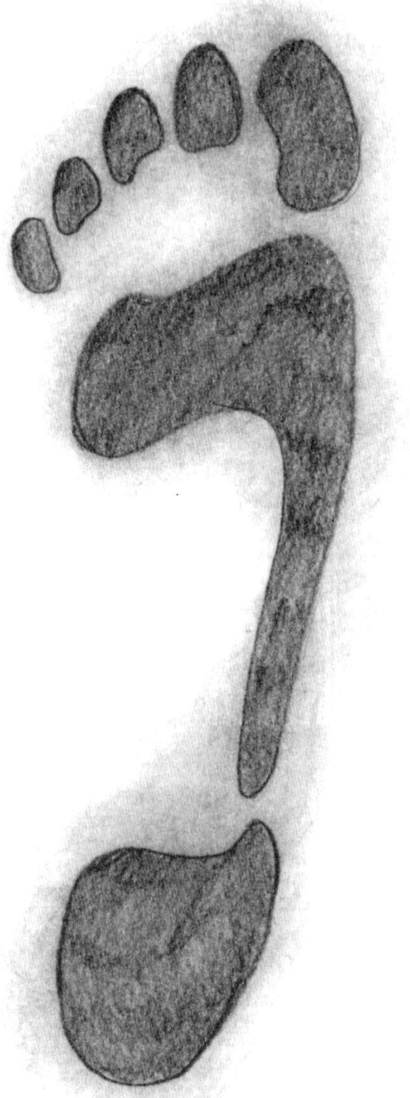

La pianta "Acqua"

Non rinvia a una forma geometrica tradizionale, ma corrisponde a una FORMA MORBIDA E ARMONIOSA, sinuosa e complessivamente ben proporzionata. L'Elemento Acqua simboleggia il fluire della vita. *Panta rei* (tutto scorre) affermava il filosofo greco Eraclito: e dove tutto scorre non possono esistere stasi, rigidità o chiusura, bensì vita che cambia e si rinnova. L'Acqua pulisce, rigenera e nutre, conosce ogni cosa con cui entra in contatto e ne conserva la memoria. Come l'acqua si adatta al contenitore che la ospita, così gli individui dal piede "Acqua" sono flessibili e adattabili a situazioni, cambiamenti e persone. Stanno bene con tutti e dappertutto, sono estremamente versatili negli interessi e nelle attività in cui si impegnano, possono fare più cose contemporaneamente. Sono anche di grande compagnia ma attenzione a non intrappolarli: l'acqua ha bisogno della propria libertà e se viene costretta erompe dagli argini, talvolta silenziosamente. Apparentemente calma in superficie mentre grandi masse si muovono in profondità, per poi manifestarsi all'improvviso. E senza preavviso!

Le dita: creativo o carismatico

Se la forma del piede ci dice qual è il temperamento di base di un individuo, con l'analisi delle dita si può entrare nei dettagli. Osservatele bene: sono tutte e cinque dritte e ben espresse? Ce n'è una, o più d'una, contorta, insolitamente lunga, nascosta o sovrapposta a quella vicina? Normalità o anomalie non sono mai un frutto del caso, hanno sempre qualcosa da raccontare.

Alluce

Rinvia alla componente razionale e all'intelletto. Se è il dito più lungo significa che l'aspetto intellettuale è prevalente e che la razionalità è il filtro attraverso cui quella persona guarda il mondo. Se le dita vanno in modo ordinatamente decrescente dall'alluce al quinto dito (dita a scaletta), vuoi dire che il pensiero è particolarmente consequenziale, sistematico e metodico. Se l'apice dell'alluce è piegato e rivolto verso l'esterno del corpo, e cioè verso il quinto dito, significa che le capacità intellettive sono ben collegate e integrate agli aspetti creativi.

Secondo Dito

È il dito della leadership, del carisma naturale, del riconoscimento sociale e professionale, del comando. Se domina sulle altre dita vuoi dire che l'individuo possiede delle doti personali innate che lo spingono ad autoaffermarsi a livello sociale con ruoli di guida, che spesso, peraltro, gli vengono riconosciuti spontaneamente. La leadership verrà espressa soprattutto nella sfera del lavoro se a svettare sugli altri è il secondo dito del piede destro; nel campo affettivo se è il secondo dito del piede sinistro.

Terzo Dito

È quello che simboleggia i valori e ci informa su quanto essi siano determinanti nelle scelte di vita di un individuo. Si tratta dei valori morali, dell'onestà, dell'etica individuale e il simbolismo può riguardare, in senso più ampio, anche il mondo della spiritualità come radice e fonte di ispirazione per la vita concreta. Se il terzo dito è lungo e si accompagna a un secondo dito altrettanto esteso vuoi dire che il carisma del soggetto è sostenuto da valori sociali ed i suoi obiettivi riguardano il perseguimento di un benessere collettivo.

Quarto Dito

Esprime il nostro rapporto con l'affettività. Capita spesso di vedere un quarto dito ritorto su se stesso, gonfio o appoggiato al terzo. Questo ci dice molto circa la diffusa difficoltà a esprimere armoniosamente e liberamente i propri sentimenti e quanto questi siano fortemente condizionati dall'educazione ricevuta o da un'erronea interpretazione del proprio credo morale, che diventa un antipatico censore anziché una guida. Un quarto dito ben espresso indica invece un soggetto in armonioso contatto con il proprio sentire.

Quinto dito

Esprime la creatività, in particolare nella sua componente motoria, istintiva e sessuale. Un quinto dito ben esteso, senza calli o arrossamenti esprime ideazione creativa, contatto con le proprie intuizioni, inclinazione verso le attività fisiche e sportive e una serena, appagante capacità di intimità. Se invece è gonfio, rannicchiato su se stesso e nascosto sotto il quarto dito, indica difficoltà nell'espressione di uno o alcuni di questi aspetti.

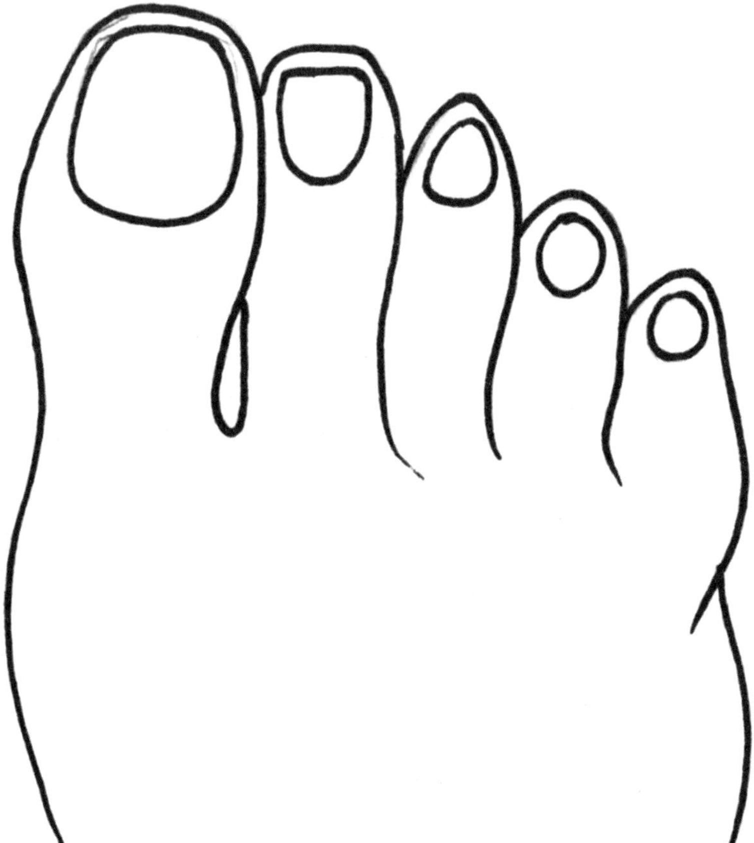

In punta di dita

Una volta identificati gli aspetti relativi alle singole dita, si può focalizzare l'attenzione sulla FORMA DELL'ULTIMA FALANGE ovvero la punta delle dita. Punto estremo del nostro corpo, la sua forma indica in che modo le qualità racchiuse nelle singole dita (vedi immagine) riescono a esprimersi a contatto con l'ambiente, se il loro potenziale viene rafforzato oppure smorzato. Un'ultima falange QUADRATA esprime rigidità: il soggetto manca di capacità di adattamento e non è facile al cambiamento nell'area simbolica indicata dal dito. Se l'ultima falange termina a TRIANGOLO O A PUNTA, nel soggetto prevale un atteggiamento critico, spesso anche autocritico: nell'area simbolica indicata dal dito l'attenzione al dettaglio va a discapito della capacità di sintesi e di una visione di ampio respiro. Se l'ultima falange termina con una forma ROTONDA, quel centro si esprimerà con morbida armonia; se il terzo e quarto dito sono arrotondati apparterranno a persone che possono interagire e lavorare facilmente con gli altri.

Con il tallone si entra nella vita

Il tallone è la parte del piede che appoggiamo a terra per prima camminando e indica, per analogia, il nostro modo di entrare nella vita, la nostra attitudine più istintiva.

Come il piede preso nel suo complesso, anche il tallone ha una sua forma specifica e distintiva (vedi le illustrazioni qui sotto).

Nel caso esso sia QUADRATO abbiamo di fronte un soggetto tendenzialmente "Terra" incline a entrare nelle cose con forza e decisione.

Un tallone TRIANGOLARE appartiene invece a una persona piuttosto istintiva, impetuosa, che ama il rischio e manca talvolta di prudenza.

Se infine è ROTONDO, l'impressione che comunica è di tranquillo equilibrio; il più delle volte appartiene a un soggetto che riflette e pondera parecchio prima di fare un passo ed entra nella vita con una certa "sinuosità"e armonia.

Appendici

L'AMORE SI VEDE DAGLI OCCHI

Scoprire i segreti del cuore osservando il colore degli occhi

Dallo studio della forma della testa si riesce a capire l'indole e il carattere di un individuo, ma osservandone gli occhi si entra nella sua anima, la fisiognomanzia, è quell'antica arte mantica che insegna a conoscere i sentimenti delle persone anche dallo studio degli occhi.

Gli antichi dicevano: "Gli occhi sono lo specchio dell'anima". Ti guardavano in faccia e poi potevano fare un ritratto stupefacente del tuo spirito, delle tue emozioni, dei segreti del tuo cuore. Poi, con il progresso, è arrivata la scienza positivistica, quella che pretendeva di spiegare tutto, ed ha ridicolizzato l'antica sapienza dei nostri antenati. Ma ora le cose sono ancora cambiate.

La scienza moderna, quella che si avvale delle macchine più sofisticate, di computer più raffinati, ha sentenziato che gli antichi avevano ragione. Proprio vero: gli occhi sono lo specchio dell'anima. Sono stati pubblicati recenti studi su questo argomento nelle più prestigiose riviste scientifiche.

Quindi il detto "gli occhi sono lo specchio dell'anima" ha anche un fondamento scientifico. "È dagli occhi che Cupido lancia le sue frecce", scrisse il poeta greco-siriaco Melangro. Sono gli innamorati, perciò, i più interessati a conoscere a fondo i sentimenti del partner. Nel periodo delle vacanze estive è facile fare nuove amicizie, incontrare persone simpatiche, che attraggono, fanno battere il cuore.

I giovani, soprattutto, fraternizzano subito. Si innamorano. Ma come fidarsi di una persona incontrata poche ore prima? Come scoprire se le sue parole corrispondono ai suoi sentimenti, se è sincera o se invece inganna? Gli occhi! Ecco una chiave preziosa per rispondere a questi interrogativi. Bisogna guardare bene negli occhi il nuovo amico. Bisogna imparare a leggere i segni più evidenti ma infallibili dei suoi occhi.

Gli occhi non possono mentire, proprio perché sono veramente lo specchio dell'anima. La fisiognomanzia offre molti spunti per imparare a leggere l'animo di una persona attraverso i segni che si trovano nei suoi occhi.

La "forma" stessa dell'occhio è preziosa fonte di informazioni. Occhi grandi denotano tendenza al misticismo, avversione al materialismo, e sono indice di una mente aperta, curiosa. Occhi piccoli sono indice di riservatezza, mente analitica, indicano intuito, vitalità e furbizia. Occhi rotondi segnalano creatività e bontà d'animo, vivacità intellettuale. Occhi all'ingiù dicono che il loro possessore è di animo romantico, sensibile con tendenza alla depressione. Occhi all'insù, invece, denotano timidezza, introversione e scarsa coerenza. L'occhio destro rappresenta la vista razionale, quello che guarda in modo logico. L'occhio sinistro è quello emozionale, che guarda e coglie ogni cosa emotivamente. Ma il "corpus" fondamentale dell'insegnamento che si ricava dall'osservazione dagli occhi, secondo gli insegnamenti della fisiognomanzia, è legato al loro colore.

Il colore degli occhi è come una cartina di tornasole dei sentimenti dell'anima. Ci sono dei colori fondamentali, cinque secondo gli antichi insegnamenti della fisiognomanzia, e questi sono una specie di carta d'identità dei sentimenti, dell'animo, di una persona. Ma ci sono poi i cambiamenti, le sfumature improvvise che ti rivelano la "qualità" dei sentimenti passeggeri, quelli che l'individuo sta provando in quel preciso momento, mentre lo guardi fisso negli occhi e il suo sguardo non può mentire. Nessuno riesce a comandare quelle impercettibili mutazioni. Sono spontanee, come i riflessi incondizionati. Anche questo dettaglio è stato riconosciuto e confermato dalla scienza, come si ricava da uno studio recente, pubblicato su alcune prestigiose riviste scientifiche, come *Science* e *Proceedings of the National Academy of Sciences.*

Ma torniamo ai suggerimenti della nostra antica fisiognomanzia. Ecco un succinto ma infallibile vademecum per orientarsi nella conoscenza delle persone attraverso lo studio del colore degli occhi.

Quando ci troviamo di fronte ad una persona che ci interessa particolarmente, con la quale abbiamo dei rapporti di lavoro, di affari e soprattutto di cuore, e vorremmo valutarla bene, cerchiamo, conversando, di fissare attentamente i suoi occhi.

Le reazioni istintive del nostro interlocutore sono molto importanti. Possiamo subito valutare la “forma dell’occhio” ma dobbiamo soprattutto memorizzare il loro colore e rilevare se, nel corso dell’incontro, della conversazione, quel colore subisce delle alterazioni.

Questo vale soprattutto per gli innamorati ai primi incontri. La variazione, anche impercettibile del colore degli occhi rivela senza ombra di dubbio i veri sentimenti del partner. Ci sono innamorati che stanno ore a guardarsi negli occhi. Non hanno niente da nascondere, anzi istintivamente spalancano bene le palpebre quasi a dire all’altro: “Guarda, leggimi dentro perché io ti amo per davvero”. Ma ci sono anche individui che non sono sinceri, che imbrogliano, che non amano, voglio solo divertirsi. Ma stanno al gioco, rispondono allo sguardo incantato del partner, fingono di essere altrettanto innamorati. In realtà non è vero ed i loro occhi sono pronti a tradirli.

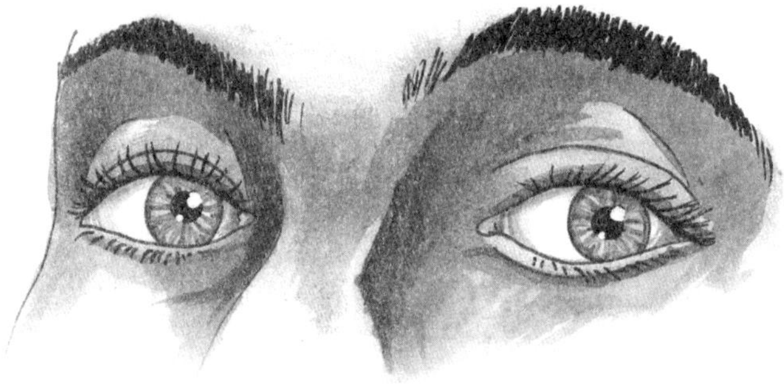

Occhi azzurri – amore pacifico

Gli occhi azzurri denotano in genere una personalità romantica, sognatrice. Chi ha occhi di questo colore cerca un rapporto tranquillo, mite, fatto di quotidiane tenerezze. L'importante è che non ci siano cambiamenti, che non si verifichino novità perché gli imprevisti destabilizzano l'emotività di queste persone. Chi ha occhi azzurri tendenzialmente detesta i litigi. Se si trova coinvolto in situazioni sentimentali complicate, ne soffre e si chiude in se stesso. Raramente alza la voce, fa discussioni. Odia a tal punto le baruffe sentimentali da assumersi anche colpe che non ha. Se ingannata, la persona dagli occhi azzurri non si mette ad imprecare, non aggredisce il partner, non pensa a vendette, ma semplicemente si fa da parte. Attenzione, però, non si tratta di debolezza di carattere. Piuttosto di nobiltà d'animo. Il desiderio di pace e tranquillità è così forte in chi ha gli occhi azzurri da renderlo molto deciso nel suo comportamento. Se la storia d'amore diventa turbolenta, piena di incomprensioni che possono generare litigi, preferisce chiudere il rapporto. Nell'incontro sentimentale ravvicinato, l'azzurro degli occhi di queste persone si fa intenso, come un cielo a primavera. Ma se, invece, l'azzurro sbiadisce, tende al grigio, cosa per la verità assai rara, attenzione, i sentimenti di quella persona sono falsi. La persona dagli occhi azzurri è un partner ideale per chi ha gli occhi neri, cioè per chi in amore ha un temperamento dominante e aggressivo. Chi ha occhi azzurri, ama essere posseduto, purché il tutto avvenga nell'armonia e nella complicità mentre chi ha occhi neri ama possedere, dominare. Insieme, si trovano in perfetta armonia.

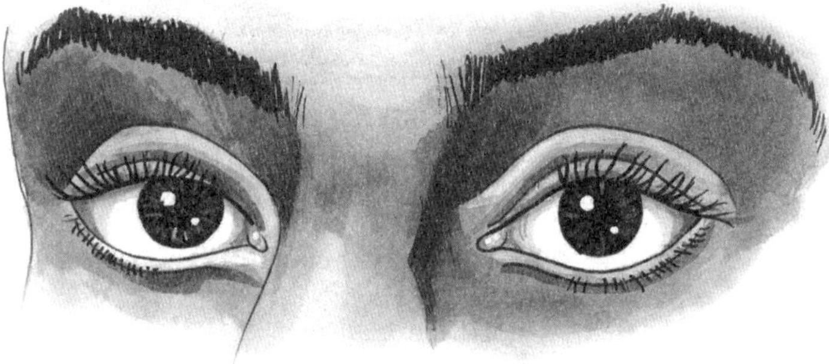

Occhi bruni – amore prudente

Chi ha gli occhi di color bruno è molto passionale ma anche estremamente sensibile. Questo lo rende vulnerabile, facile vittima di chi prende l'amore con superficialità. E' tale la sensibilità, in campo affettivo, di queste persone che possono essere ferite in modo doloroso anche soltanto con delle innocenti allusioni. In genere, si tratta di caratteri introversi, meditativi, riflessivi, solitari. Prima di agire, una persona con gli occhi bruni ci pensa a lungo e perciò, per andare d'accordo con lei, si deve imparare a rispettare i suoi tempi, ad avere molta pazienza. Conoscendo la propria sensibilità, teme di esporsi a critiche, a giudizi che ferirebbero il suo animo e perciò in tutti gli aspetti della vita, e soprattutto in amore, si muove con enorme cautela, con passi di piombo, valutando con attenzione qualsiasi particolare. Ci sono occasioni in cui vorrebbe lasciarsi andare, ma la paura di essere criticato lo blocca. Mai prendersi gioco di questo suo voler proteggersi contro le delusioni. La reazione potrebbe essere devastante. Difficilmente chi ha occhi bruni organizza incontri sentimentali ingannando il partner. Non ha il coraggio di farlo. Ma potrebbe trovarsi coinvolto in una relazione da cui non sa come uscirne e continua a vedere il partner che non ama più. In questo caso, il colore dei suoi occhi diventa sbiadito fino a sembrare quasi bianco, un bianco spento, addolorato e nervoso. Questo individuo inganna soffrendo. Le persone con gli occhi bruni possono avere storie sentimentali molto belle e serene con chi ha gli occhi azzurri. Entrambi in amore sono riservati, timidi, gelosi della privacy. Con molte riserve, potrebbe trovarsi bene anche con uno dagli occhi neri, ma si tratterebbe di una storia destinata a non durare.

Occhi grigi – amore calcolato

Dotata di freddezza, affascinante, decisa, tenace e calcolatrice, la persona con gli occhi grigi è una vera arma di seduzione. Pochi riescono a resistere al magnetismo di uno che ha lo sguardo profondo, misterioso, indecifrabile, con riflessi metallici e bagliori incandescenti. Consapevole del proprio fascino, chi possiede questa arma seducente, cerca in tutti i modi di raggiungere lo scopo che si è prefissato, cioè fare innamorare di sé la persona scelta. La cosa sorprendente e incredibile sta nel fatto che questo avviene non sempre per amore, per passione, ma spesso per gli scopi più disparati che non hanno niente a che fare con la sfera sentimentale. La persona dagli occhi grigi riesce magnificamente nel suo intento perché è dotata in modo straordinario di ingegno, di fantasia, di caparbietà, di costanza. Le difficoltà non abbattono una persona dagli occhi grigi, né i rifiuti la scoraggiano. Quasi camaleontica nel suo perseguire l'obiettivo, è capace di plasmarsi ai voleri del partner scelto, in modo da risultare perfetta. Può accadere anche che si innamori veramente, ma è cosa rara. E inoltre, il suo atteggiamento non muterebbe granché. Continuerebbe, con la sua formidabile arte seduttrice, a mantenere viva e fresca la storia d'amore come farebbe se non fosse affatto innamorata. Scoprire i veri sentimenti di queste persone dal mutamento del colore dei loro occhi è impossibile. Hanno, sulle loro emozioni, un controllo freddo e totale che domina anche i riflessi incondizionati. Riescono perciò ad avere storie passionali intense e bellissime con tutti: anche con persone che non amano affatto e sono storie che possono durare per sempre.

Occhi verdi – amore avventuroso

Gli occhi verdi sono caratteristica di una persona libera, passionale, istintiva, con un innato desiderio di lasciarsi andare, di mollare le redini, di ribellarsi alle regole e alle convenzioni. Questo atteggiamento rende la persona un amante divertente e spensierata, con il quale è possibile vivere un rapporto intenso ma accompagnato sempre anche da un pizzico di follia. Queste persone cercano spesso solo l'avventura perché non amano avere legami definitivi. Sprigionano un tale fascino che attrae, incanta e fa sognare. Hanno sempre successo, sono in grado di conquistare chiunque, e riescono a mascherare i loro inganni con un'abilità diabolica. Ma le loro storie sono prevalentemente turbolente. Chi ha gli occhi verdi è spesso anche irascibile e vendicativo. Non accetta sconfitte, pentimenti, indecisioni e ostacoli che gli impediscano di raggiungere lo scopo. Il partner che ha coinvolto può vivere con lui avventure di passione estrema, che hanno però sempre il sapore della precarietà. Una persona con gli occhi verdi non va mai contraddetta, non va mai ingannata, non va mai presa in giro. Le sue reazioni, sono terribili, guidate solo dall'istinto che non valuta mai le conseguenze. Nell'incontro amoroso, il colore verde degli occhi di questi individui è come un cielo in tempesta, che cambia in continuazione. Il verde prende bagliori strani, a volte sinistri, a volte dolcissimi, ed è difficile decifrarne il significato, difficile quindi capire dai mutamenti del colore degli occhi se i sentimenti di queste persone sono sinceri o falsi. L'unica indicazione certa la si ha quando il verde di quegli occhi diventa calmo, sereno, indifferente. Significa che la storia è finita. Il momento della rottura è delicato. Se il partner è uno con gli occhi verdi o azzurri, l'addio in genere si verifica senza incidenti. Se invece è uno con gli occhi neri, la fine del rapporto potrebbe assumere tinte fosche e drammatiche.

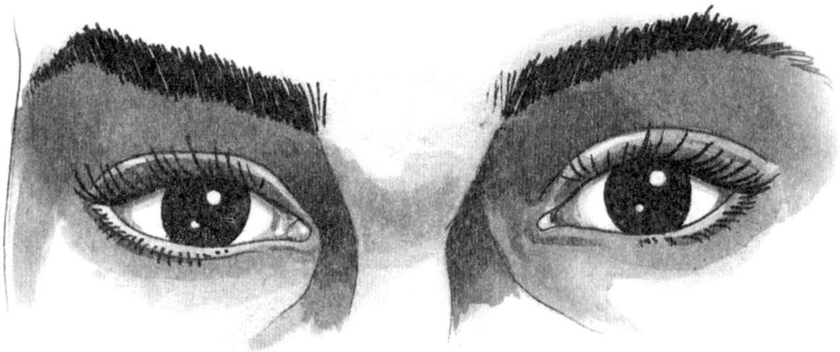

Occhi neri – amore aggressivo

Chi ha gli occhi neri è in genere dotato di una grande energia: energia fisica, mentale, emotiva, passionale. La persona dagli occhi neri in amore è esuberante, aggressiva e vuole prendere l'iniziativa. Ama possedere e dominare. Vuole condurre il gioco amoroso con le proprie regole, ma questo è anche un segnale di debolezza perché rivela un certo timore di cedere il controllo al partner. Infatti, non sempre ha le idee perfettamente chiare e in molte occasioni si dimostra indecisa sul da farsi. Il suo comportamento energico esercita un notevole influsso sugli altri e riesce perciò a convincere di possedere tutte le risposte, ma in realtà la sua aggressività maschera la titubanza. Se, nell'incontro con il partner, il colore degli occhi mantiene vividezza e magari si fa anche più scuro, significa che i suoi sentimenti sono sinceri, forti autentici. Se invece lo sguardo è opaco, stanco, e il colore tende al marrone, bisogna allarmarsi, stare prudenti, quella persona, in quel momento non è sincera.

NELLA TESTA SI SCOPRONO LE TUE DOTI

L'arte di approfondire la conoscenza delle persone osservando certi aspetti del loro fisico, pare sia di origine babilonese. Ma era nota anche ai cinesi. Nel IV secolo prima di Cristo, trovò in Grecia quella "codificazione" che la fece diventare una "scienza" del tempo. Se ne interessarono filosofi come Pitagora , Aristotele, Plinio, Filone, immortalandola nelle loro opere. Veniva chiamata "fisiomanzia", o "fisiognomanzia", cioè arte divinatoria della conoscenza segreta delle persone e del loro destino, attraverso le forme del corpo. Ma poi, con il passare dei secoli, visto che le regole avevano una certa stabilità e un oggettivo fondamento, da "arte" si è trasformata in "scienza", prendendo il nome di "fisiognomica", studiata anche da celebri scienziati, tra i quali Cesare Lombroso che la pose a fondamento delle sue teorie sull'antropologia criminale. Ogni volta che ci si trova di fronte ad un nuovo interlocutore, siamo attratti dal suo aspetto, e istintivamente cerchiamo qualche segno per sapere se sia una persona buona o cattiva, sincera o bugiarda, affidabile o infida. Certo, ogni persona è un mondo a sé stante, unico, impossibile da imbrigliare in uno schema. Ma la "fisiognomanzia", con secoli di esperienza pratica, indica tecniche precise che aiutano ad arrivare ai segreti dell'animo studiando le caratteristiche del fisico. La testa, che è la sede del cervello, del volto, dell'intelligenza e della comunicazione mimica; gli occhi, che sono "lo specchio dell'anima", la via fisica più diretta per entrare dentro l'uomo e raggiungere la sua autentica personalità. Ecco, quindi, secondo le indicazioni della fisiognomanzia, che cosa possiamo "scoprire" nelle persone, osservando le caratteristiche presenti nel loro corpo. Sediamoci tranquilli sotto l'ombrellone, o al tavolo di un bar, in una zona turistica montana, soli o in compagnia di amici. Osserviamo attentamente un passante qualsiasi, o una persona che prende il sole vicino a noi, o qualcuno la cui conoscenza profonda ci interessa particolarmente. Focalizziamo il nostro interesse sulla forma della sua testa, evidenziandone le linee essenziali. Ecco otto tipologie studiate dall'antica fisiognomanzia con le relative interpretazioni riguardo il carattere, l'intelligenza, la volontà, i sentimenti e le passioni della persona stessa.

Testa dalla forma allungata e sottile – la genialità

Questa testa appartiene in genere a persone che hanno nella fantasia la loro maggiore qualità. Una fantasia però "pratica", volta cioè a risolvere problemi, a trovare soluzioni "reali" per situazioni complicate. Soluzioni originali, spesso geniali, comunque fuori dagli schemi. Questo genere di persone sono anche tenaci, raggiungono con caparbietà gli scopi che si prefiggono. Agiscono quasi sempre guidati da una fredda razionalità, quindi con calma e una meticolosità quasi maniacale. La loro concentrazione è tale da ignorare quello che hanno attorno. Mostrano spesso un'espressione assente, distratta. Sono egoisti. Complicati compagni nella vita. Amanti focosi, fanno perdere la testa al partner di turno, ma tendono all'infedeltà e al cinismo. Hanno attitudini per le scienze occulte. Sono attratti dai viaggi e dal gioco. Possono diventare dei leader e anche dei mistici.

Testa dalla forma "a pera" – il sentimento

Sono persone che hanno la sommità del cranio leggermente allungata e a punta. Sono contraddistinte da un carattere dolce, affabile, dominato dal sentimento. Le loro reazioni sono generalmente immediate, istintive e a volte, purtroppo, violente. Non sono individui privi di raziocinio. Non mancano della capacità di analizzare i problemi oggettivamente, ma in loro l'emotività è prorompente e finisce con l'avere un peso determinante in ogni decisione. Nella vita sono dei romantici, dei sognatori, amanti della natura, degli animali, dei fiori, della musica. Si trovano a loro agio con i bambini e sono pazienti e servizievoli con gli ammalati. Spesso però, la potente istintività li mette nei guai. Sentimentalmente, si cacciano in situazioni complicate. A volte si trovano coinvolti in storie d'amore multiple. Per nascondere situazioni imbarazzanti, diventano bugiardi, traditori, infingardi. A volte, in queste situazioni, possono commettere gesti irreparabili.

Testa dalla forma rotonda – l'equilibrio

È la testa tipica di chi mette l'ordine al primo posto. Le persone dalla testa rotonda sono in genere metodiche, costanti, precise, meticolose. Amano avere una vita in cui vi è un posto per ogni cosa e in cui ogni cosa ha un suo posto. Questo vale per i loro sentimenti, le loro azioni ma anche per il modo di vestire, di muoversi, di parlare. Danno molta importanza all'esteriorità, all'estetica, all'abbigliamento, alla cura di loro stessi. Ma niente è mai portato all'eccesso, tutto è sempre equilibrato, dosato con misura. Purtroppo, le persone con la testa rotonda sono a volte anche egoiste. La precisione di cui amano circondarsi, le spinge ad esprimere una forte affermazione di sé, senza tener conto degli altri. Per questa ragione, al primo incontro suscitano ammirazione e simpatia ma, alla luce di una conoscenza più profonda, deludono. I loro amori, quando sbocciano, sembrano ideali, ma spesso si sgretolano all'improvviso. Invecchiando, diventano maniaci e insopportabili.

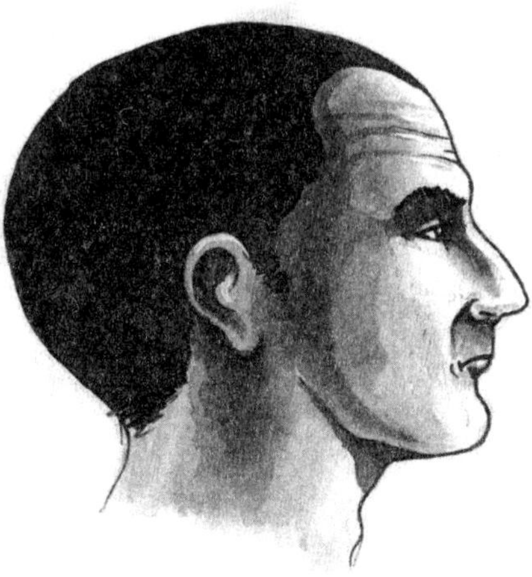

Testa dall'occipite sporgente – la volontà

L'occipite è la parte posteriore e inferiore della testa, proprio sopra il collo. Nelle persone con l'occipite sporgente la caratteristica principale è la forza di volontà. Possiedono una inossidabile determinazione che le mette nella condizione di ottenere quasi sempre quello che vogliono. Pur di raggiungere l'obiettivo non risparmiano energie e tempo. Sono infaticabili, costanti, inesorabili nel portare a termine un progetto. E sono anche dotati di sensibilità acuta e di intelligenza superiore. Ma non accettano consigli. Non ammettono sconfitte. Non si fermano anche quando capiscono di sbagliare. Possono colpire alle spalle. Amano la lotta fino al punto di provocarla per il piacere di vincere. Sono inclini al comando. Riescono bene nella politica e nella libera professione. Non disdegnano il motto machiavellico "il fine giustifica i mezzi". Così, capita che un'ottima qualità come la forza di volontà diventi un difetto. In amore, tendono a schiavizzare il loro partner. In famiglia, sono dispotici. Ma se raggiungono l'equilibrio interiore e la piena conoscenza dei loro difetti, diventano guide solide, capifamiglia patriarcali e molto amati o amministratori pubblici esemplari.

Testa dalla forma squadrata – l'energia

Chi possiede una testa dalla forma squadrata è dotato di una grande energia che si manifesta nei gesti e nei comportamenti. E' irrequieto, non riesce a restare fermo, deve sempre poter impegnarsi in qualcosa, più o meno importante. L'ozio è il suo peggior nemico. Rapido nelle decisioni, si muove come un tornado, spesso coinvolgendo amici e familiari nelle sue frenetiche attività. Il suo peggior difetto è una predisposizione verso l'irascibilità, conseguenza della grande agitazione che brucia dentro di sé. Se trova un ostacolo sulla sua strada, può andare in escandescenza, reagire in modo violento, avere scatti d'ira potenti. Ma si tratta solamente di istanti, poi emerge la sua vera natura che è sempre buona, generosa, accondiscendente. Deve guardarsi dagli eccessi. Anche nei rapporti con il partner. Le donne sono molto vivaci e devono frenare la loro esuberanza per evitare guai. Gli anni giovanili sono caratterizzati da amori frenetici, che divampano come fuoco, ma durano poco. Evitare il matrimonio prima dei trent'anni. Con la maturità, queste persone diventano gentili, servizievoli, impegnate nel volontariato, sempre pronte a fare grossi sacrifici per gli altri.

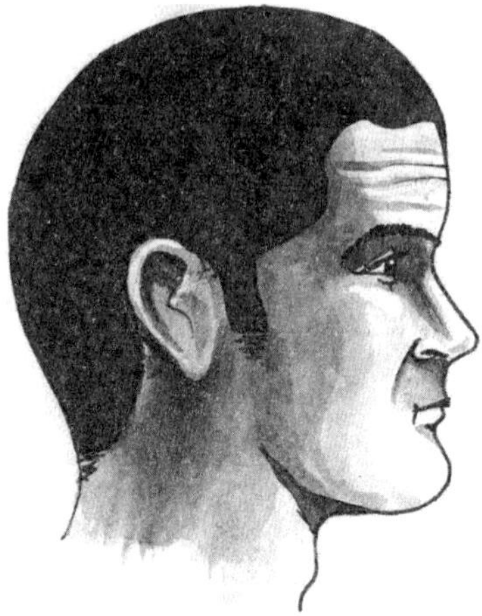

Testa dalla fronte bombata – l'intelligenza

È la forma della testa tipica di chi possiede doti non comuni, che ne fanno una persona speciale. Prima di tutto, si distingue per la sua intelligenza che è pronta, spiccata, pratica, atta a realizzare in fretta le idee. Un'intelligenza quasi sempre supportata da una memoria da elefante, a volte davvero prodigiosa. Queste persone amano applicarsi allo studio delle scienze più difficili. Non si spaventano di fronte alle difficoltà. In genere sono calmi, pigri, non facili all'ira o alla collera. La loro flemma li fa ragionare e superano facilmente gli istinti cattivi grazie a un fortissimo autocontrollo. Sono però freddi e vendicativi. Non dimenticano i torti subiti, anche se non ne parlano mai, e al momento giusto, anche dopo anni ed anni, ricambiano il male ricevuto. Possiedono il gusto del lusso e il senso della ricercatezza. Sono costanti nelle loro passioni sentimentali. Amano una dimora fissa, tendono a sposarsi giovanissimi, non si rassegnano a un matrimonio senza figli. In genere sono fortunati nella loro professione. Aperti alle problematiche religiose, si interrogano sui misteri della vita e possono sviluppare una profonda spiritualità.

Testa dalla forma tozza – l'opportunismo

Chi possiede una testa dalla forma larga e tozza, è una persona fredda, calcolatrice ed estremamente pratica. Una persona che conosce la vita, che sa sempre come cavarsela in ogni situazione, che sa convincere gli altri e far loro cambiare idea a proprio vantaggio. In genere non brillano per fantasia, per iniziative, per idee originali, ma rimediano a tutto questo con una straordinaria capacità di appropriarsi delle idee altrui. Non solo, ma sono anche in grado di sfruttarle al meglio e di usarle in maniera ancora più vantaggiosa. Si comportano in questo modo per istinto. Nel loro agire non c'è malizia o cattiveria ma solo un puro istinto di sopravvivenza, il desiderio di destreggiarsi ogni giorno come in un campo di battaglia, sfruttando le debolezze degli altri e facendole diventare un punto di forza a proprio favore. Nella vita sociale sono ironici, sarcastici, mordaci. Contraggono matrimoni affrettati, che raramente durano. Trattano il partner con modi spicci e rozzi. Frequenti i litigi, anche in pubblico. Non temono, infatti, l'opinione degli altri. Sono esibizionisti e vanitosi, capaci di sperperare una fortuna per suscitare invidia.

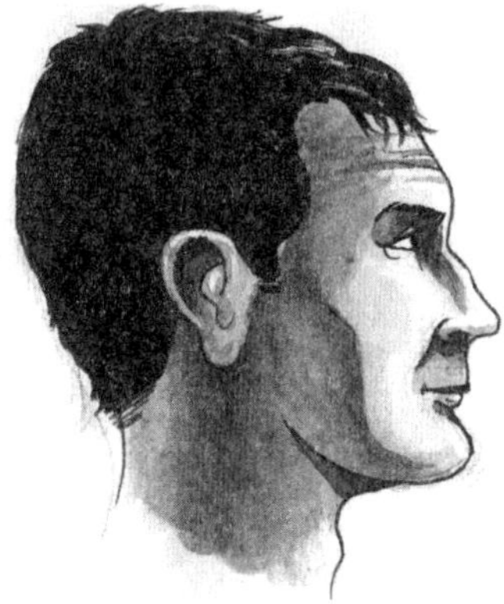

Testa dalla forma oblunga – l'ambizione

Chi possiede una testa oblunga, allungata in diagonale, è in genere terribilmente ambizioso. Per una persona del genere, al primo posto viene l'amor proprio, il proprio successo, la propria carriera. La loro ambizione è una molla potente. Per arrivare in alto, queste persone sono pronte a tutto. Non si fermano di fronte a nessun ostacolo. Ad una conoscenza superficiale, appaiono simpatiche, estroverse, generose, accondiscendenti, dinamiche. Brillano nel lavoro, nel divertimento, nella conversazione. Ma appena si imbattono in qualcuno o in qualche cosa che minimamente oscuri la loro persona o la loro azione, diventano cattive, velenose, vendicative, intrattabili. Manifestano cioè la loro vera natura che è arrogante, presuntuosa, cinica. Non hanno considerazione per gli altri. Se ne servono per arrivare, per raggiungere l'affermazione. Nella scelta delle amicizie, nell'intrecciare relazioni sentimentali, rapporti amorosi e pubbliche relazioni, hanno un solo scopo: ricavare un vantaggio per la loro affermazione. Raramente riescono a vincere queste tendenze istintive. I veri ambiziosi sono vittime a loro volta della loro stessa passione. Riescono a costruire carriere a volte meravigliose, che però, a un certo momento, l'ambizione fa franare all'improvviso e in modo disastroso.

Tavole

Indice

Appendici

Della stessa collana

Selezione dei volumi
Anima Edizioni

Giulia Amici; Carol Adrienne. Guida pratica alla numerologia.

Anonimo. *Destatevi Figli della Luce. Dall'«Io sono» al «nuovo millennio».*

A. Besant; C.W. Leadbeater. *Le forme-pensiero.*

Annie Besant. *Yoga.*

Elena Bianchi. *Michele Arcangelo messaggero di Dio.*

Capitanata. *Il canto dell'OM* (con CD allegato).

Capitanata; Giuliano Guerra. *Relax per l'anima* (con CD allegato).

Ida Caruggi. *Da Cuore a Cuore - Comunicazioni con animali.*

Elena Cavinato. *2000 anni dopo Talita Kumi.*

Silvia Cecchini; Ezio Sposato. *L'abbraccio dei fiori* (con CD allegato).

Giorgio Cerquetti. *Saggezza senza tempo.*

Giorgio Cerquetti. *La scienza spirituale dei chakra* (con CD allegato).

Marco Clementi. *E se fosse così? E se dipendesse da noi?*

Marco Colantuoni; Paolo Piccinini. *Angeli - Gocce celesti per l'anima* (con CD allegato).

Marco Colantuoni; Paolo Piccinini. *La musica del cerchio* (con CD allegato).

Franco Copes. Il piede dalla A alla Z.

Luigi Crespi; Natascia Turato. *L'anima della comunicazione.*

Luigi Crespi. *L'antidoto.*

Luigi Crespi. *SMS – Anima digitale.*

Bhagavan Das M.A. *La scienza delle emozioni.*

Adriano De Carlo. *L'ambiguità della perfezione.*

Giorgio Del Vecchio. *L'eterno canto di Bhagavan.*

Erminio Di Pisa. *Ipnosi dalla A alla Z.*

Ashraf Eskandar. *Il grande potere dei Salmi.*

Vincenzo Fanelli. *Il potere di rendersi felici* (con CD allegato).

Nirodh Fortini. *Brainwaves* (con CD allegato).

S. Fumagalli; F. Gandini. *L'anima svelata.*

S. Fumagalli; F. Gandini. *La quinta via.*

Cristina Garavaglia. *Diario di una nascita.*

Gianni Golfera. *L'arte della memoria di Giordano Bruno.*

Ludovico Guarnieri. *La formula di Rene Caisse. Un rimedio per difendersi dal cancro e dalle malattie degenerative.*

Ludovico Guarnieri. *La cosa più stupefacente al mondo. Avventure di un malato esperto.*

F. Hartmann. *I simboli segreti dei Rosacroce.*

Olga Karasso. *Esperanza.*

Pierluigi Lattuada. *Il corpo del sogno.*

Pierluigi Lattuada. *Sciamanesimo brasiliano.*

C.W. Leadbeater. *L'uomo visibile e invisibile.*

Nicola Limardo. *Salute dell'habitat.*

Alfredo Lissoni. *UFO.*

Adriana Mafio. *Gli angeli intorno a me.*

Maet. *Come superare il sistema capitalista.*

Adriana Mafio. *Gli Angeli intorno a me.*

Luiz Maio Ruiz. *Il Sufismo*

Graziella Mairate. *Geneologia familiare.*

Manuela Mancini. *Respiro per l'anima* (con CD allegato).

Fabio Paolo Marchesi. *La Coppia Illuminata.*

Piero Marini. *L'enigma del destino rivelato dalla mano.*

Fabio Maselli. *Il momento della coscienza.*

Scilla di Massa. *Il giardino interiore.*

Rita Massarenti. *Ricomincio da capo.*

Maria Morganti. *Le Sezioni Binarie del VII Parallelo.*

Maria Morganti; Luciano Gasparini. *I Corpi di Luce.*

Daniel Odier. *Desideri, passioni e spiritualità.*

Doris. B. Orme. *Dio parla a Doris.*

Laura Pellegrini. *Letti di ghiaccio.*

Massimo Picasso. *Il gemello di Dio.*

Massimo Picasso. *Dio contro Dio.*

Angelo Picco Barilari. *Kryon.*

Mario Pincherle. *Leopardi Segreto.*

Mario Pincherle. *Libro tibetano dei morti.*

Peter Roche de Coppens. *La famiglia spirituale del XXI secolo.*

Conte di Saint Germain. *Io sono.*

Roberto Maria Sassone. *La Ricerca dell'Amore.*

Fiamma Rossa Secchi. *Il tentativo.*

Eddy Seferian. *La Grande Opera.*

Iole Sesler. *Numeri e conoscenza*

Iole Sesler. *La Luna ed altri simboli.*

Igor Sibaldi. *La trama dell'Angelo.*

Igor Sibaldi. *Iniziazione. Come incontrare i propri Maestri Invisibili* (con CD allegato).

Maria Sion Crucitti. *Il sogno di Maria Maddalena.*

Nada Starcevic. *Eros. Il sesto senso.*

Roberta Stucchi. *Maree del tempo.*

Giancarlo Tarozzi. *Reiki – Dal primo al terzo Millennio* (con CD allegato).

Marie Noelle Urech. *I sogni e l'infinito.*

Gabriella Zevi. *Donne in via d'estinzione?*

Gabriella Zevi. *Donne felici.*